いまから

旅イコ

中国地方・九州北部編

南々社

Contents いまから旅イコ 中国地方・九州北部編

TOTTORI 鳥取　6エリア　グルメ・お土産・絶景65スポット

SHIMANE 島根　8エリア　グルメ・お土産・絶景77スポット

OKAYAMA

岡山　6エリア　グルメ・お土産・絶景53スポット

HIROSHIMA

広島　11エリア　グルメ・お土産・絶景140スポット

＊各県のエリア数は市町村が重複の場合もあります

1	2	3	4
5	6	7	8
9	10	11	12
13	14	15	16
17	18	19	20
21	22	23	24

1　三徳山三佛寺投入堂（鳥取・三朝町 26 p）
2　木谷沢渓流（鳥取・江府町 29 p）
3　とっとり花回廊（鳥取・南部町 30 p）
4　稲佐の浜（島根・出雲市 35 p）
5　荒神谷史跡公園（島根・出雲市 37 p）
6　足立美術館（島根・安来市 39 p）
7　石見畳ヶ浦（島根・浜田市 46 p）
8　太皷谷稲成神社（島根・津和野町 48 p）
9　備中国分寺（岡山・総社市 52 p）
10　真魚市（岡山・備前市 54 p）
11　鷲羽山展望台（岡山・倉敷市 56 p）
12　奥津渓谷（岡山・鏡野町 59 p）
13　旧吹屋小学校（岡山・高梁市 62 p）
14　耕三寺博物館 未来心の丘（広島・尾道市 69 p）
15　仏ヶ崎展望台（広島・呉市 84 p）
16　三段峡（広島・安芸太田町 88 p）
17　今高野山（広島・世羅町 95 p）
18　角島大橋（山口・下関市 98 p）
19　青海島海上アルプス（山口・長門市 100 p）
20　笠山山頂展望台（山口・萩市 103 p）
21　秋芳洞（山口・美祢市 106 p）
22　瑠璃光寺五重塔（山口・山口市 108 p）
23　真宮島（山口・周防大島町 112 p）
24　門司港レトロ展望室（福岡・北九州市 126 p）

25	26	27	28
29	30	31	32
33	34	35	36
37	38	39	40
41	42	43	44
45	46	47	48

25　現人神社（福岡・那珂川市 130 p）
26　桜井二見ヶ浦（福岡・糸島市 133 p）
27　唐津城（佐賀・唐津市 140 p）
28　波戸岬（佐賀・唐津市 141 p）
29　ドンバイ塀（佐賀・有田町 144 p）
30　武雄温泉 楼門（佐賀・武雄市 147 p）
31　大魚神社の海中鳥居（佐賀・太良町 150 p）
32　吉野ヶ里歴史公園（佐賀・吉野ヶ里町 154 p）
33　軍艦島（長崎・長崎市 160 p）
34　ハウステンボス（長崎・佐世保市 162 p）
35　大バエ灯台（長崎・平戸市 163 p）
36　石岳展望台（長崎・佐世保市 164 p）
37　高浜海水浴場（長崎・五島市 171 p）
38　両子寺の仁王門（大分・国東市 174 p）
39　真玉海岸（大分・豊後高田市 175 p）
40　青の洞門（大分・中津市 177 p）
41　九重“夢”大吊橋（大分・九重町 180 p）
42　久住高原（大分・竹田市 183 p）
43　普光寺磨崖仏（大分・豊後大野市 185 p）
44　臼杵石仏［磨崖仏］（大分・臼杵市 189 p）
45　熊本城（熊本・熊本市 194 p）
46　水前寺成趣園（熊本・熊本市 197 p）
47　高森湧水トンネル公園（熊本・高森町 198 p）
48　阿蘇山中岳火口（熊本・阿蘇市 204 p）

旅にイクまえに めいぶつ さがそ～

Tottori

- 松葉ガニ
- シロハタ
- クロマグロ
- 岩ガキ
- イカ墨フード
- 牛骨ラーメン
- 二十世紀梨 など

20p

20p

24p

21p

27p

Shimane

- ベニズワイガニ
- ノドグロ
- 赤てん
- 出雲そば
- 奥出雲そば
- 出雲ぜんざい
- 島根和牛
- 源氏巻 など

40p

47p

47p

37p

49p

38p

Okayama

55p

- 日生の牡蠣
- サワラ
- ホルモンうどん
- カキオコ
- 黄ニラ
- ばら寿司
- フルーツパフェ
- 千屋牛 など

61p

55p

63p

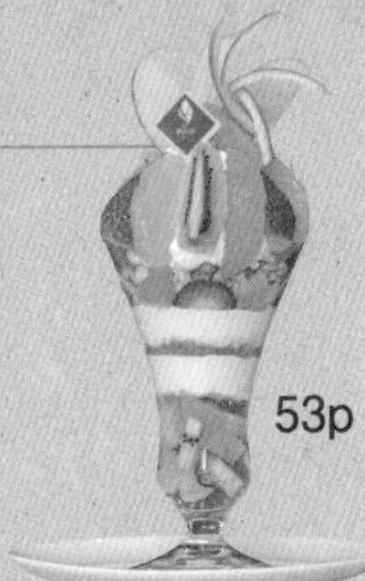
53p

Hiroshima

96p

- 牡蠣
- 三原のタコ
- 小イワシ
- メバル
- あなご飯
- お好み焼き
- 尾道ラーメン
- もみじ饅頭 など

77p

74p

71p

87p

86p

Yamaguchi

99p

109p

- 下関のふぐ（ふく）
- 周防瀬戸のハモ
- 剣先イカ
- 瓦そば
- 岩国寿司
- 見蘭牛
- 長州どり など

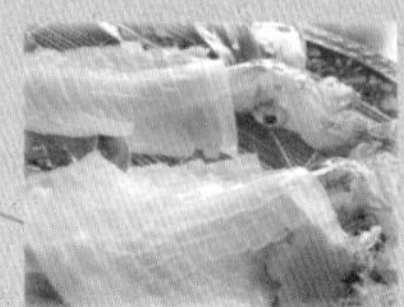
101p

98p

104p

115p

125p

123p

124p

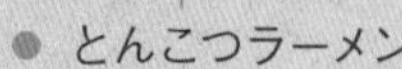
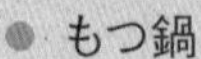

- とんこつラーメン
- もつ鍋
- 水炊き
- 明太子
- ごまさば
- あまおう
- 焼きカレー
- ごぼ天うどん
- 梅ヶ枝餅 など

Fukuoka

127p

120p

122p

143p

Saga

151p

- 呼子のイカ
- 竹崎カニ
- 竹崎カキ
- シシリアンライス
- 佐賀牛
- ごとうふ
- 佐賀海苔
- 松露饅頭 など

150p

155p

145p

Nagasaki

161p

159p

ちゃんぽん
トルコライス
皿うどん
レモンステーキ
佐世保バーガー
五島うどん
角煮まん
かんころ餅 など

161p

163p

171p

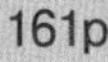
161p

163p

Oita

187p

191p

176p
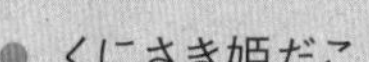

177p

- 関サバ、関アジ
- くにさき姫だこ
- 津久見市まぐろ
- 中津市のハモ
- 臼杵のフグ
- とり天
- 中津から揚げ
- たんご汁 など

190p

178p

187p

Kumamoto

197p

205p
196p

- 馬刺し
- あか牛
- 太平燕
- 熊本らーめん
- からし蓮根
- いきなり団子
- だご汁 など

196p
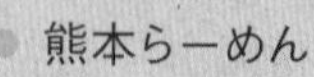
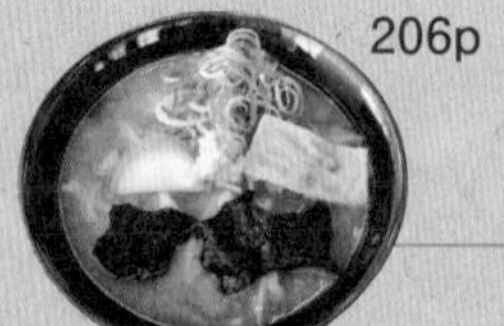
206p
195p

 ＊写真に表示しているページ以外にも「めいぶつ」を提供している店舗が複数ある場合もあります

＼旅の途中で／

ソフトクリーム

27p

特製ソフトクリーム
カウィーのみるく館
（鳥取・琴浦町）

28p

ミルククラウンソフトクリーム
CAFE MOTHER
（鳥取・倉吉市）

55p

しょうゆソフトクリーム
鷹取醤油
（岡山・備前市）

55p

かきフライソフト
五味の市
日生町漁業協同組合
（岡山・備前市）

57p

大手まんぢゅうソフト
大手まんぢゅうカフェ
（岡山・倉敷市）

59p

はちみつソフト
山田養蜂場お菓子工房
ぶんぶんファクトリー
（岡山・鏡野町）

60p

蒜山ジャージー100%プレミアムソフトクリーム
ひるぜんジャージーランド
（岡山・真庭市）

115p

ミルクソフト
パンサー
（山口・岩国市）

148p

プリンソフト
武雄温泉物産館
（佐賀・武雄市）

153p

プリンソフト
大富牧場フライングカウ
（佐賀・みやき町）

179p

黒田官兵衛ソフト
道の駅 なかつ
（大分・中津市）

190p

みそソフトクリーム
カニ醤油
（大分・臼杵市）

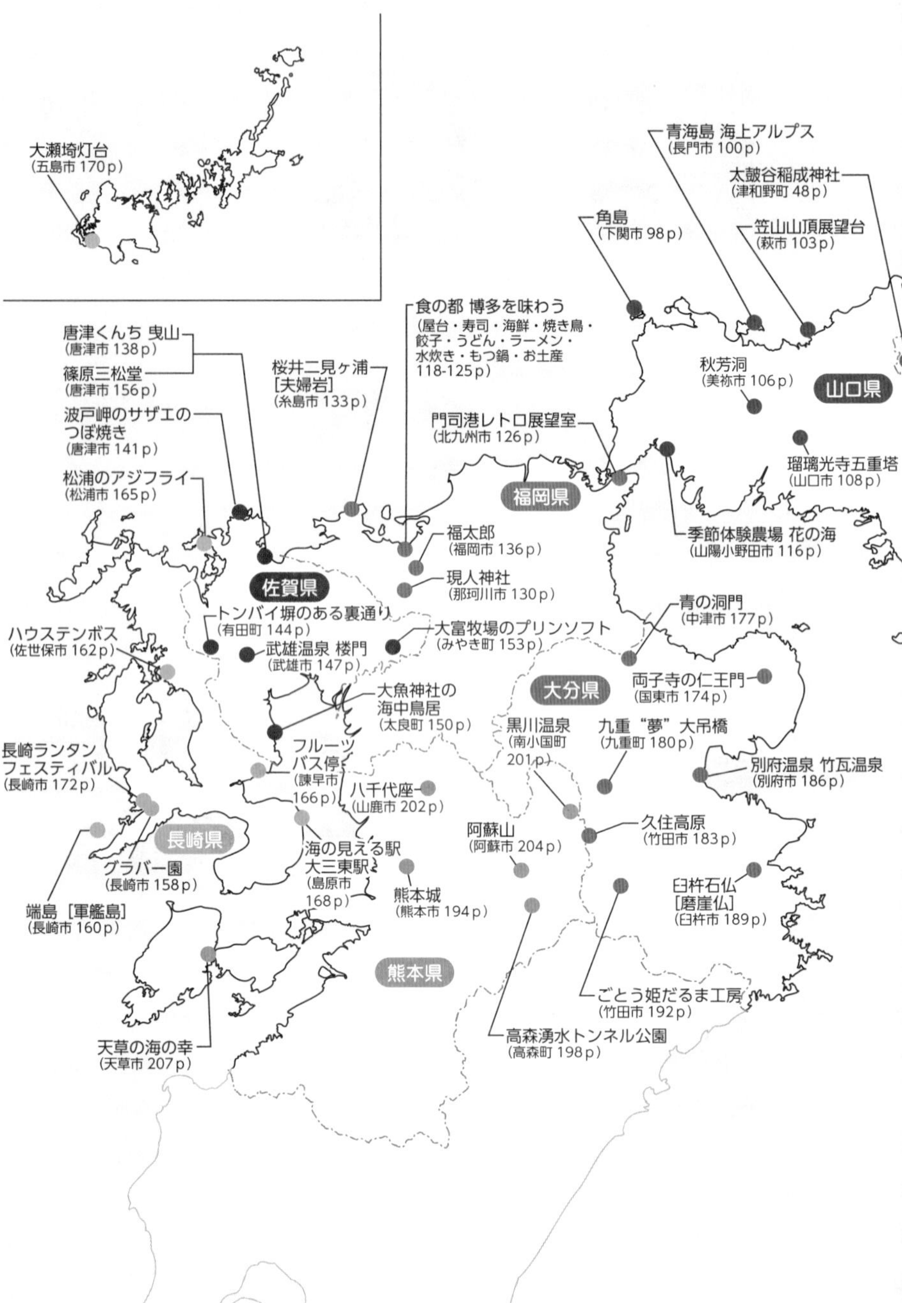

大瀬崎灯台
(五島市 170p)
青海島 海上アルプス
(長門市 100p)
太鼓谷稲成神社
(津和野町 48p)
角島
(下関市 98p)
笠山山頂展望台
(萩市 103p)
食の都 博多を味わう
(屋台・寿司・海鮮・焼き鳥・餃子・うどん・ラーメン・水炊き・もつ鍋・お土産 118-125p)
唐津くんち 曳山
(唐津市 138p)
篠原三松堂
(唐津市 156p)
桜井二見ヶ浦
[夫婦岩]
(糸島市 133p)
秋芳洞
(美祢市 106p)
山口県
波戸岬のサザエの
つぼ焼き
(唐津市 141p)
門司港レトロ展望室
(北九州市 126p)
瑠璃光寺五重塔
(山口市 108p)
松浦のアジフライ
(松浦市 165p)
福岡県
福太郎
(福岡市 136p)
季節体験農場 花の海
(山陽小野田市 116p)
佐賀県
現人神社
(那珂川市 130p)
青の洞門
(中津市 177p)
トンバイ塀のある裏通り
(有田町 144p)
ハウステンボス
(佐世保市 162p)
大富牧場のプリンソフト
(みやき町 153p)
武雄温泉 楼門
(武雄市 147p)
両子寺の仁王門
(国東市 174p)
大魚神社の
海中鳥居
(太良町 150p)
大分県
黒川温泉
(南小国町
201p)
九重"夢"大吊橋
(九重町 180p)
長崎ランタン
フェスティバル
(長崎市 172p)
フルーツ
バス停
(諫早市
166p)
別府温泉 竹瓦温泉
(別府市 186p)
八千代座
(山鹿市 202p)
長崎県
久住高原
(竹田市 183p)
阿蘇山
(阿蘇市 204p)
海の見える駅
大三東駅
(島原市
168p)
グラバー園
(長崎市 158p)
臼杵石仏
[磨崖仏]
(臼杵市 189p)
熊本城
(熊本市 194p)
端島［軍艦島］
(長崎市 160p)
熊本県
ごとう姫だるま工房
(竹田市 192p)
高森湧水トンネル公園
(高森町 198p)
天草の海の幸
(天草市 207p)

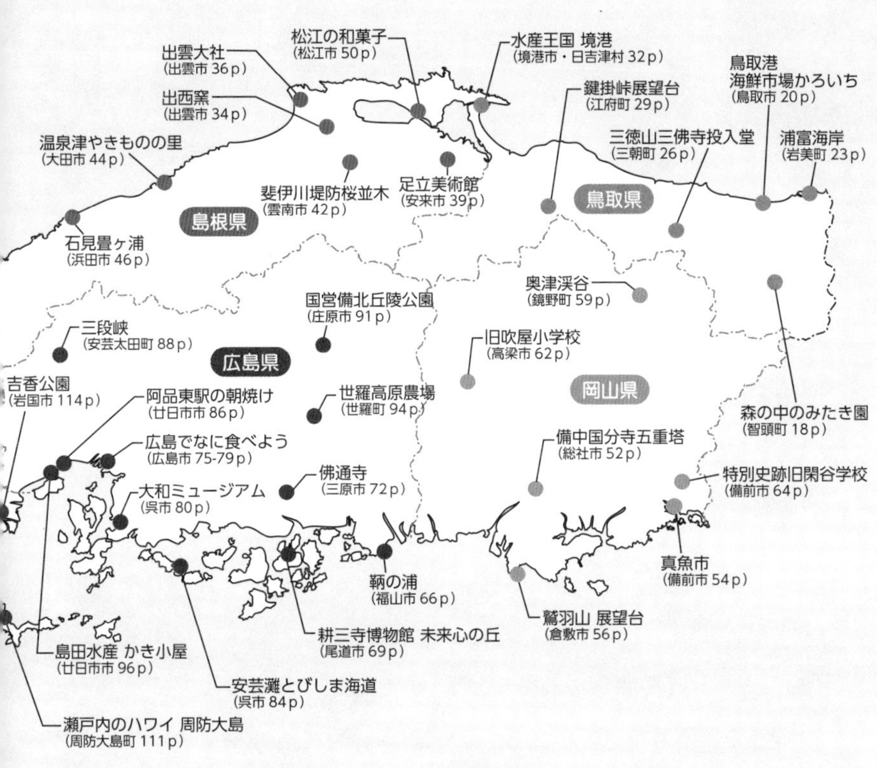

松江の和菓子
(松江市 50p)
水産王国 境港
(境港市・日吉津村 32p)
出雲大社
(出雲市 36p)
鳥取港
海鮮市場かろいち
(鳥取市 20p)
出西窯
(出雲市 34p)
鍵掛峠展望台
(江府町 29p)
温泉津やきものの里
(大田市 44p)
三徳山三佛寺投入堂
(三朝町 26p)
浦富海岸
(岩美町 23p)
斐伊川堤防桜並木
(雲南市 42p)
足立美術館
(安来市 39p)
鳥取県
島根県
石見畳ヶ浦
(浜田市 46p)
奥津渓谷
(鏡野町 59p)
国営備北丘陵公園
(庄原市 91p)
三段峡
(安芸太田町 88p)
旧吹屋小学校
(高梁市 62p)
広島県
岡山県
吉香公園
(岩国市 114p)
阿品東駅の朝焼け
(廿日市市 86p)
世羅高原農場
(世羅町 94p)
森の中のみたき園
(智頭町 18p)
広島でなに食べよう
(広島市 75-79p)
備中国分寺五重塔
(総社市 52p)
佛通寺
(三原市 72p)
特別史跡旧閑谷学校
(備前市 64p)
大和ミュージアム
(呉市 80p)
真魚市
(備前市 54p)
鞆の浦
(福山市 66p)
鷲羽山 展望台
(倉敷市 56p)
耕三寺博物館 未来心の丘
(尾道市 69p)
島田水産 かき小屋
(廿日市市 96p)
安芸灘とびしま海道
(呉市 84p)
瀬戸内のハワイ 周防大島
(周防大島町 111p)

Area Map

本書について

- 本書では、中国地方5県と九州北部5県のグルメ・お土産・絶景スポットを紹介しています。
  「ネットで探すのはたいへん！」「せっかくの旅で外したくない！」。知りたい情報をできるだけコンパクトに、わかりやすいように作成しました。ネット時代だからこそ、一目で探せる充実777アイテム。旅行者の方や地元の方にも新たな発見を楽しんでいただければ幸いです。

- アイコンの説明

  風景　飲食店　お土産・テイクアウト　温泉
  電話番号　所在地　営業時間　定休日

- アクセスは基本、最寄りの駅・ICからの目安時間になります。
- 本書のデータは2024年3～5月現在のものです。営業時間・定休日・料金等の変更および臨時休業の場合もありますので、事前にご確認のうえ、お出かけください。
- データ欄の（OS）はオーダーストップ、（LO）はラストオーダーです。
- タイトルのアルファベットは基本ヘボン式ローマ字で表記しています。
- 本書をご使用になる際は、ご自身でご判断のうえ、お出かけください。なお、本書に掲載された内容による損害等は弊社では補償しかねますので、予めご了承くださいますようお願いいたします。

TOTTORI

鳥取

智頭町
八頭町
鳥取市
岩美町
三朝町
琴浦町
倉吉市
江府町
伯耆町
南部町
大山町
米子市
境港市
日吉津村

智頭町・八頭町

森の中のみたき園

morinonakanomitakien

❶ 山里料理 みたき園

オススメ
「桧」コース¥6,600
「杉」コース ¥4,840
「竹」コース¥3,300

☎ 0858-75-3665
八頭郡智頭町芦津707
10：30～16：00
（お食事は11：30～14：00）
㊡ HP参照（冬季休業あり）

小鳥のcafe Quince

オススメ
水出し珈琲¥550
こっこプリン¥440

11：00～16：00
㊡ みたき園HP参照
（冬季休業あり）

［山里料理 みたき園・小鳥のcafe Quince］
美しい森の中に佇む「みたき園」では、近くの山で採れた山菜や手作りの豆腐、こんにゃく、炊き込みご飯などがあり、手づくりのあたたかさを感じられます。春は新緑、夏は木陰、秋には紅葉を楽しみながら、自然の恵みを心ゆくまで味わうことができます

Access

八頭郡智頭町大字芦津707

智頭南ICから車で約15分
JR智頭駅から車で約20分

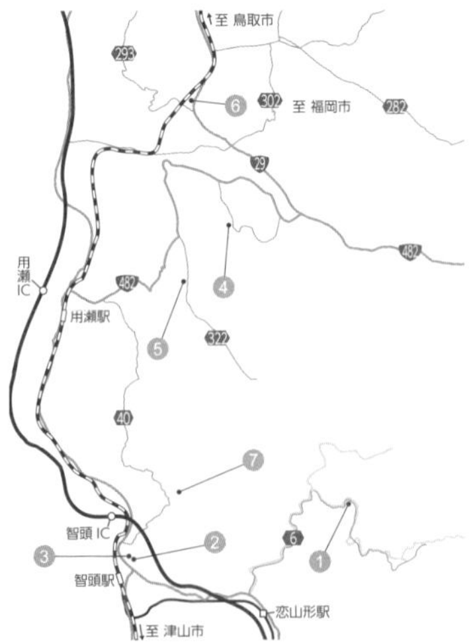

② 国指定重要文化財 石谷家住宅［智頭町］

石谷家は、江戸時代から300年以上続く商家です。各部屋の欄間や繊細な細工の彫刻は見事であり、広大な敷地の建物は一見の価値があります

③ 諏訪酒造
酒蔵交流館 梶屋

オススメ
おみやげ 純米大吟醸 鵬ゴールド720ml ¥5,500 純米吟醸満天星720ml ¥1,650

0120-113-518
八頭郡智頭町大字智頭451
10：00 ～ 17：00
（10 ～ 3月は16：30まで）
休 年末年始

④ やずミニ SL 博物館 やずぽっぽ

大人（高校生以上）¥200、小人（中学生以下）無料［乗車体験］10：00 ～ 15：00（土日祝のみ）1人1回¥100（大人・小人）

0858-71-0032
八頭郡八頭町西谷564-1
［博物館］平日10：00～15：00、土日祝10：00～16：00 ＊12 ～ 2月末は閉館します
休 水曜（祝日の場合は翌日休業）

⑤ 大江ノ郷自然牧場 ココガーデン

オススメ
大江ノ郷パンケーキ¥968
たまごかけご飯セット¥748

0570-077-505
八頭郡八頭町橋本877
10：00 ～ 17：30（カフェ 17：00受付終了）
休 無休（2025年以降は変更の場合あり）

⑥ 甘味屋 郡家本店

オススメ
おみやげ ようかん（1本）¥1,500
柿ゼリー¥150

0858-72-0651
八頭郡八頭町郡家119-1
月～土曜9：00 ～ 18：30
日曜9：00 ～ 13：00
休 日曜午後

⑦ 板井原集落［智頭町］
（伝統的建造物群保存地区）

集落には、水車小屋、炭焼き小屋、かやぶき屋根の「藤原家住宅」、そして築50年を超える古民家群などが現存しています。昭和30年代の山村風景がそのまま残っている光景です

鳥取市

鳥取港海鮮市場かろいち

tottorikokaisenichibakaroichi

ゆで松葉ガニ　　　天然岩牡蠣「夏輝」

❶ 鳥取港海鮮市場かろいち

オススメ
おみやげ
[6～8月]岩ガキ
[11～3月]松葉ガニ
(ズワイガニのオス)
＊価格は水揚げ状況により異なります

☎ 0857-38-8866
鳥取市賀露町西3-27-1
9：00～16：00
休 1/1、不定休

[鳥取港海鮮市場かろいち]

日本海の新鮮な海の幸や干物、乾物の商店が並んでいます。海鮮料理を提供するお店や、「とうふちくわ」専門店、すなば珈琲、お土産店などもあります。また、地元の野菜や和牛も揃う地場産プラザ「わったいな」が隣接しており、鳥取の食の台所と呼ばれています

Access

鳥取市賀露町西3-27-1

鳥取西ICから車で約10分、鳥取ICから車で約10分
JR鳥取駅からバス(日ノ丸・賀露循環線)で約40分
「かにっこ館前」下車すぐ

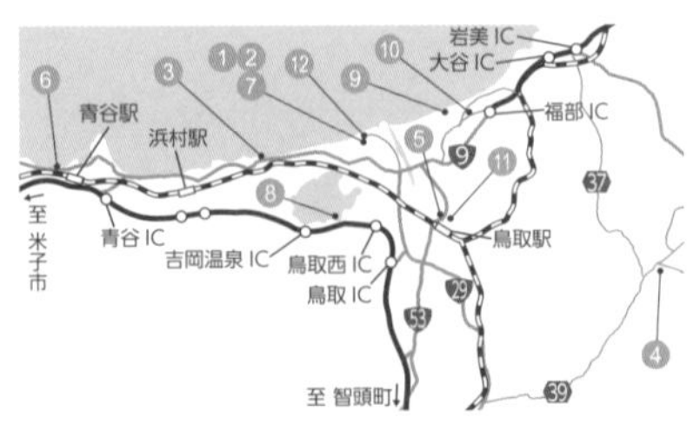

❷ 地場産プラザ わったいな

オススメ

おみやげ ジェラート ＊価格は季節により変動あり
新甘泉（梨） ¥時価

☎ 0857-50-1771
📍 鳥取市賀露町西3-323
🕘 9：00 ～ 17：00
㊡ 1/1

❸ 白兎海岸の漁火 📷

遠くにイカ漁の漁火（いさりび）が星のように美しく輝いています

❹ 豆腐料理あめだき

オススメ

🍴 おみやげ できたて豆腐膳
¥1,450 豆乳ドーナツ
（5個） ¥600

☎ 0857-58-0231
📍 鳥取市国府町雨滝510
🕘 10：00 ～ 16：30 ＊お食事は10：30 ～ 14：30
㊡ 火曜

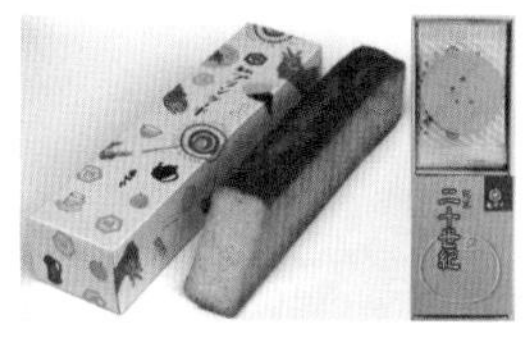

❺ 亀甲や

オススメ

おみやげ 鳥取ブランケーキ
半斤¥756 銘菓二十世紀
（8枚入） ¥540

☎ 0857-23-7021
📍 鳥取市片原2-116
🕘 月～土曜8：30 ～ 18：30
日祝8：30 ～ 17：30
㊡ なし

© 鳥取県

❻ 村中水産

オススメ

おみやげ ［6 ～ 8月］岩ガキ¥時価
［11 ～ 1月］カニ¥時価

☎ 0857-85-1452
📍 鳥取市青谷町長和瀬1072-5
🕘 9：00 ～ 18：00
㊡ 不定休

❼ お食事処 かに大陸

オススメ

🍴 ［冬季］松葉かにすき会席¥12,980
［通年］海鮮丼定食¥1,800

☎ 0857-32-2525
📍 鳥取市賀露町西3-13-7
🕘 11：00 ～ 15：00（LO14：00）
17：00 ～ 21：00（LO19：00）
㊡ 水曜（11 ～ 12月は休まず営業）

❽ 湖山池・青島大橋 📷

湖山池は日本一大きな池です。青島大橋を渡ると湖山池公園になっており、美しいロケーションが楽しめます

⑨ 鳥取砂丘

広大な砂丘が広がり、馬の背と呼ばれる小高い丘を登れば日本海が一望できます。風が作り出す風紋はとても美しく、刻々と変化する大自然は圧倒的な存在感を放っています

⑩ 砂の美術館

砂で作られた巨大な砂像（さぞう）が出迎えてくれます。作品の精巧さやその迫力に圧倒されます。「砂で世界旅行…」、なんて素敵なことでしょう

⑪ 武蔵屋食堂

オススメ
素ラーメン¥550
かつ丼（牛肉）¥850

☎ 0857-22-3397
鳥取市職人町15
10：30 ～ 21：00
㊡ 日祝

⑫ 松葉がにセンターかねまさ・浜下商店 賀露港・市場食堂

オススメ
おみやげ
［浜下商店］
夏季：岩がき¥300 ～ 2,000
　　　白いか¥500 ～ 3,000
冬季：松葉がに¥3,500 ～ 80,000
［市場食堂］
北前船定食¥1,180 海鮮丼¥1,180

☎ 0857-28-2391
鳥取市賀露町西4-1803-2
［浜下商店］ 8：30 ～ 16：00
［市場食堂］月～金曜10：30 ～ 14：30（LO）
土日祝10：00 ～ 14：30（LO）
㊡ 1/1、1月に数日あり

岩美町

浦富海岸

uradomekaigan

❶ 城原海岸

© 鳥取県

❷ 干しイカ造り

© 鳥取県

❸ 漁火

［浦富海岸］

鳥取県東端に広がる海岸線は、東西約15kmのリアス式海岸です。美しい海を眺めながら、砂浜に足を踏み入れると、その透明度の高さを実感できます。そして、城原海岸周辺から眺める夕陽はまさに絶景です

Access

岩美郡岩美町浦富

JR鳥取駅から車で約30分
鳥取ICから車で約20分

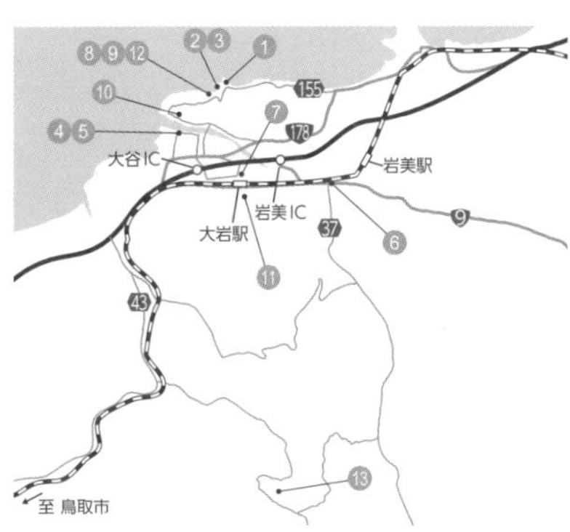

④ お食事処「あじろや」

オススメ
海鮮丼¥2,000
イカ墨カレー¥1,200

☎ 0857-73-1212
岩美郡岩美町大谷2182
11：00 ～ 14：00（LO）
休 火曜 ＊冬季休業有（12月下旬～ 2月末）

⑤ 鳥取砂丘らっきょう専門店 らっきょう屋

オススメ
おみやげ 農家さんらっきょう¥750 ～
はっぴーたるたる¥800

☎ 0857-73-1212
岩美郡岩美町大谷2182
9：00 ～ 16：00
休 冬季休業あり

⑥ 道の駅 きなんせ岩美

オススメ
おみやげ 愛と奇跡の親がにカレー¥780（軽食コーナー）松葉ぼうろ¥650

☎ 0857-73-5155
岩美郡岩美町新井337-4
9：00 ～ 19：00 ＊1～ 2月は9：00 ～ 18：00
休 物販スペース：1/1のみ、レストラン海陽亭：水曜
軽食コーナー：1～ 2月のみ木曜

© 鳥取県

⑦ 大岩駅の桜と列車

JR大岩駅の国道9号線側にわたって、100本近い桜が並んでおり、満開時には華やかです

⑧ 小鴨ヶ磯

穏やかな海に小島が林立していてまるで盆栽のようです

⑨ 鴨ヶ磯展望所

水尻洞門や小鴨ケ磯海岸に降りて行ける一番近い駐車場の近くにある展望所です

⑩ あじろカフェなだばた

オススメ
なだばた御膳¥1,650
かもめ（季節の魚フライ定食）¥900

0857-72-8414
岩美郡岩美町網代118-58
9：00～15：00
㊡ 火曜

⑪ くいもんや 海慶

オススメ
海鮮丼¥1,800
カキフライ付お刺身定食¥1,650

0857-72-0305
岩美郡岩美町大谷1648-21
11：00～14：00／17：00～21：00（LO20：50）
＊夜は要予約、団体6人～
㊡ 月曜（祝日の場合は翌日休業）

⑫ 水尻洞門

断崖から延びた崖の間が広くなって、まるで入り江のようになっています

© 鳥取県

⑬ 唐川のカキツバタ群落

中国地方の代表的な湿原です。5月下旬から6月初旬にかけて、濃い紫色のカキツバタの花が見事に咲きそろいます

三朝町・琴浦町・倉吉市

三徳山三佛寺投入堂

mitokusansambutsujinageiredo

1 三徳山投入堂［三朝町］

三徳山
遥拝所

三徳山
炎の祭典

［三徳山三佛寺投入堂］

断崖絶壁に見事なバランスで立つ“奇跡の風景”がここ三徳山にあります。三徳山は修行の場所であり、参道は険しく危険なため、参拝登山するには数々の注意点があります。投入堂を見るだけであれば下の投入堂遥拝所から望遠鏡で見ることもできます

＊参拝登山には入山許可が必要です

Access

東伯郡三朝町三徳

中国自動車道院庄IC、米子自動車道湯原IC
から車で約50分
JR倉吉駅から三徳山までバスで約40分

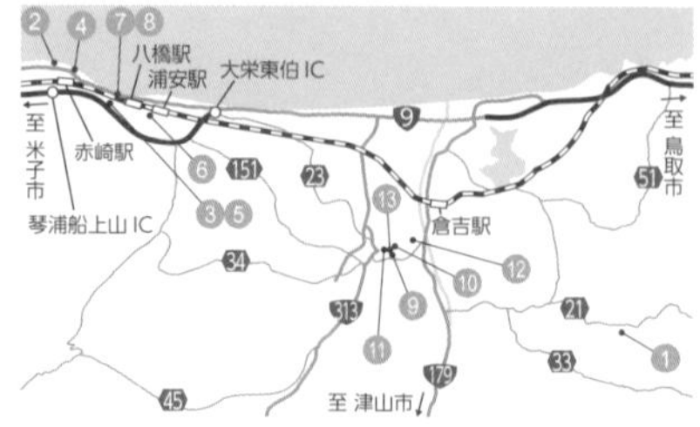

© 鳥取県

② 鳴り石の浜のヒマワリ［琴浦町］

琴浦町にある「鳴り石の浜」にあるヒマワリ畑。海とのコントラストが抜群です。鳴り石の浜は、石に願い事を書いて海へ投げると、ご利益があることで有名です

③ 道の駅 琴の浦　琴浦うまいもんや

オススメ
琴浦セット（牛骨ラーメン＆ミニあごカツカレー）￥1,100
大風呂敷サンドクッキー(8個入）￥1,470

0858-55-6566
東伯郡琴浦町別所1030-1
3～10月9：00～18：00
11～2月9：00～17：30
休 1/1～1/2

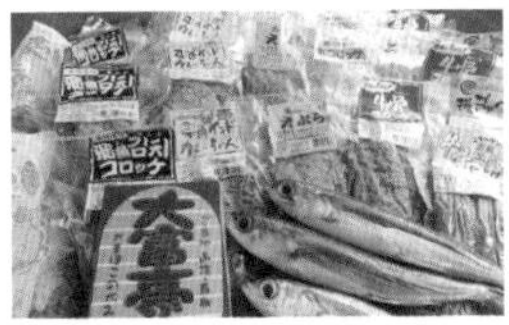

④ 金田屋 かねちく

オススメ
昔ながらの魚ロッケ￥368
鳥取砂丘ながいも￥438

0858-55-0251
東伯郡琴浦町赤碕1230
10：00～16：00
休 なし

⑤ 海鮮料理きわみ

オススメ
極海丼(味噌汁付）￥1,500
琴浦サーモンねぎとろ丼（味噌汁付）￥1,000

0858-49-8031
東伯郡琴浦町別所1030-1「道の駅 琴の浦」内
11：00～15：00
休 12/31～1/4

⑥ カウィーのみるく館

オススメ
特製ソフトクリーム￥400

0858-52-2234
東伯郡琴浦町保37-1
9：30～17：00
休 年始

⑦ 赤碕町漁協直売センター（道の駅ポート赤碕内）

オススメ
あかしゃき￥300
するめいか糀漬￥350

0858-49-2020
東伯郡琴浦町別所255
9：30～17：30
休 2/1～10/31の水曜、年始

⑧ 漁協 お食事処 あかさき亭

オススメ
海鮮丼￥1,600
漬け丼￥1,000

0858-49-2020
東伯郡琴浦町別所255（道の駅ポート赤碕内）
11：30～14：00
休 水曜

© 鳥取県

⑨ 倉吉白壁土蔵群［倉吉市］

白の漆喰の壁と赤瓦が印象的な土蔵が並ぶ町並みは、江戸時代から大正時代にかけて商工業の中心として繁栄していた面影を残しています

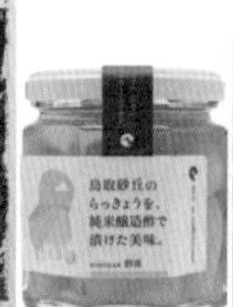

⑩ 鶴乃觜・甘味処「亀の尾」

オススメ
[鶴乃觜]鳥取県産 天然板わかめ¥1,188
砂丘のらっきょう酢漬（ビン入）¥724（袋入）¥640
[亀の尾]栃餅ぜんざい¥800 クリームあんみつ¥900

☎ 0858-23-5161 倉吉市堺町3-100
[鶴乃觜]月～土曜9：00～18：30、日祝9：00～18：00
[亀の尾] 10：00～16：00
休 [鶴乃觜]第3火曜、[亀の尾]火曜

⑪ CAFE MOTHER

オススメ
カラーラテアート¥880
ミルククラウンソフトクリーム¥900

☎ 0858-22-0777
倉吉市大正町1075-61
11：00～0：00
休 月曜

⑫ 石谷精華堂

オススメ
打吹公園だんご10本入¥1,040
しょこら和さんぼん¥570

☎ 0858-23-0141
倉吉市幸町459-1
店舗 8：00～17：30
喫茶 8：00～17：00
休 1/1

⑬ まんばや

オススメ
志ば栗（10個入） ¥750
本練羊羹（小豆／白小豆）各¥1,500

☎ 0858-22-3261
倉吉市明治町1031-27
8：30～18：30
休 月曜

江府町・伯耆町・南部町・大山町・米子市

鍵掛峠展望台

kagikaketogetembodai

① 鍵掛峠展望台〔江府町〕

② 御机の茅葺小屋〔江府町〕

かやぶき屋根の小屋の背後には、雄大な大山の南壁が広がります。都会では味わえない風景です

③ 大山桝水高原・天空リフト〔伯耆町〕

標高900mの展望台からの眺めは素晴らしく、日本海のパノラマが広がります

④ 木谷沢渓流〔江府町〕

苔むした小石が渓流の中に点在し、心を和ませてくれます

[鍵掛峠展望台]

大山でも屈指の絶景ポイントです。紅葉シーズンに訪れると南壁のふもと全体が赤く染まります。タイミングが良ければ、大山の冠雪と紅葉を同時に楽しむことができます

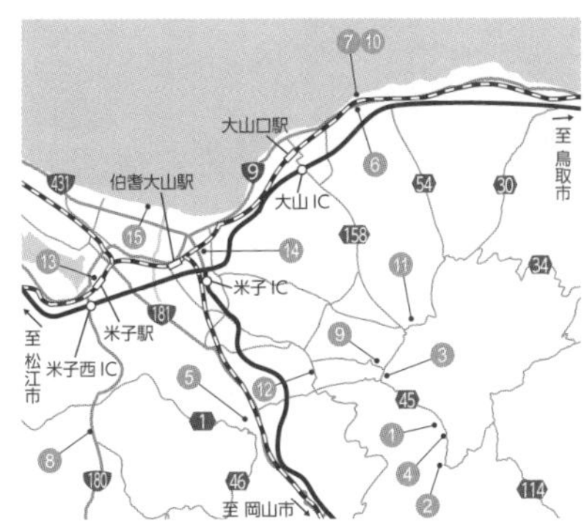

Access

日野郡江府町大字大河原字鍵掛

江府ICから車で約20分、溝口ICから車で約20分
JR江尾駅から車で約20分

アジサイ・ヨーロピアンガーデン裏

ゆりまつり・秘密の花園

⑤ とっとり花回廊〔南部町〕

大山を望む景観の中にあり、四季折々の花を楽しむことができる花の楽園です。ゆりは80品種以上あり1年中楽しめます

⑥ たまご屋工房 風見鶏

オススメ
おみやげ シュークリーム¥280
プリン¥280

☎ 0859-54-5055
西伯郡大山町名和696-1
10：00 ～ 18：00
休 火曜

⑦ 御来屋漁港鮮魚直販店 お魚センター みくりや

オススメ
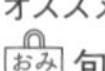 旬の魚介類（時価）

☎ 0859-54-5511
西伯郡大山町御来屋29-4
9：00 ～ 16：00
休 火曜

⑧ あっちゃん

オススメ
チキン南蛮¥850
あっちゃん定食¥1,250

☎ 0859-66-4333
西伯郡南部町法勝寺257-4
11：00 ～ 14：00
17：00 ～ 23：00
休 日曜、第3月曜

⑨ 大山まきば みるくの里

オススメ
鳥取県産F1サーロインステーキ¥2,480
パパス＆ママス¥1,880

☎ 0859-52-3698
西伯郡伯耆町小林2-11
10：00 ～ 17：00
休 火曜

⑩ 御来屋漁港鮮魚直販店 海鮮 えびす

オススメ
海鮮丼¥700 ～ 1,600
＊時季の魚介の各種丼（大小）あり

☎ 0859-54-5522 西伯郡大山町御来屋29-4
月・水～金曜11：00 ～ 14：00
土日祝11：00 ～ 14：30
休 火曜

⑪ 豪円山のろし台［大山町］

スキー場の横の坂道を登っていくと、大山の北側が望めます。紅葉シーズンには大山のふもと全体が紅葉で彩られます

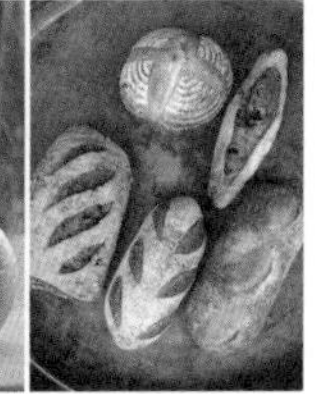

⑫ コウボパン小さじいち

オススメ
おみやげ おやきマフィン¥220
サワーブレッド（1/4サイズ）¥400

☎ 0859-68-6110
西伯郡伯耆町金屋谷1713-1
11：00～16：00
㊡ 日～火曜

© 鳥取県

⑬ 米子がいな祭［米子市］

米子の熱い夏を彩る「がいな祭」。はっぴ姿の人々が、竹ざおにちょうちんを飾りつけた「万灯」を担いで街を練り歩きます

⑭ お菓子の壽城

オススメ
おみやげ とち餅（白）¥1,200～
八重雲晴れてフィナンシェ¥870～

☎ 0859-39-4111
米子市淀江町佐陀1605-1
9：00～17：00
㊡ 年末、不定休

© 鳥取県

⑮ 皆生（かいけ）海岸［米子市］

白砂青松が続く弓ヶ浜半島の根元に位置しています。山陰の名湯である皆生温泉街から歩いてすぐです

WOW! → 水産王国 境港

海からのごちそう

四季折々の鮮魚や
名産の松葉ガニ・紅ズワイガニ、
マグロを味わいたい…

大漁市場 なかうら

オススメ
かにトロしゅうまい（8個入）￥1,620
おみやげ かにとコーンのピッツァ ￥1,620

☎ 0859-45-1600
境港市竹内団地209
8:30～16:30
休 12/31～1/4

海鮮どんぶり 山芳亭

オススメ
境港サーモン昆布じめ丼 ￥1,800
おみやげ 山芳丼 ￥1,800
真さば昆布じめ丼 ￥1,650

☎ 0859-37-1011
西伯郡日吉津村日吉津1026-1 新鮮市場内
11:30～15:00（鮮魚、惣菜の販売9：30～17：00）
休 水曜（不定休あり）

丸八水産 直売センター店

オススメ
おみやげ 紅ズワイガニ(9～6月) ￥1,000～
松葉ガニ(11月中旬～3月中旬) ￥4,000～

☎ 0859-44-2431
境港市昭和町9-5
8:00 ～ 15:30
＊受付8:00～15:00
休 火曜
＊但し12月初旬から年末は無休

御食事処 海心

オススメ
刺身定食 ￥1,870
特選海鮮丼天ぷら付 ￥2,750

☎ 0859-42-3223
境港市福定町1802-23
8:00～15:00(LO14:30)
17:00～21:30(LO21:00)
休 木曜（祝日の場合は営業）

山芳海産 ひえづ物産館 新鮮市場店

オススメ
おみやげ づけ丼の素 ￥788
白いか黒いカレー ￥950

☎ 0859-37-1011
西伯郡日吉津村日吉津1026-1新鮮市場内
9:30～17:00
休 水曜（不定休あり）

SHIMANE

島根

出雲市
安来市
松江市
雲南市
奥出雲町
飯南町
大田市
邑南町
江津市
浜田市
益田市
津和野町

出雲市

出西窯

shussaigama

カップ

❶ 出西窯

オススメ

おみやげ 縁鉄砂呉須釉皿3.5寸～¥1,090～
モーニングカップ¥3,300

☎ 0853-72-0239
出雲市斐川町出西3368
9：30 ～ 18：00
休 火曜

[出西窯]

こだわりは「道具としての使いやすさ」。そのなかに味わいのある美しさや温かみが感じられます。出西窯では材料となる粘土は主に島根県産を使用し、釉薬は自家調合しています

Access

斐川ICから車で約7分
JR出雲市駅からタクシーで約10分

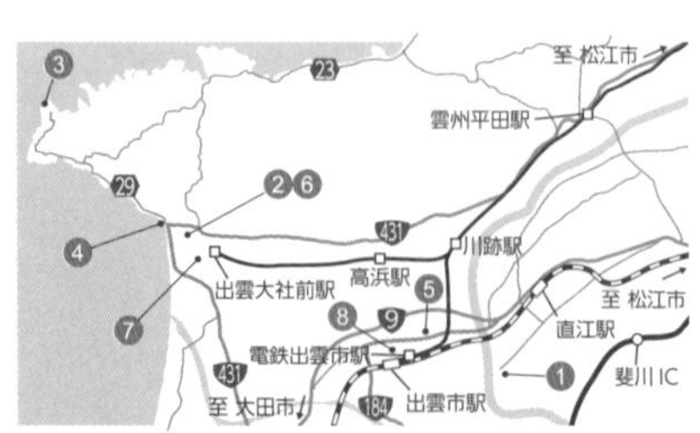

② 出雲そば 荒木屋

オススメ
割子三代そば¥1,230
縁結び天セット¥1,670

☎ 0853-53-2352
出雲市大社町杵築東409-2
11：00 ～ 15：00
休 水曜

③ 出雲日御碕灯台

稲佐の浜を北に進んでいくと、終点に日御碕灯台があります。石造灯台としては日本一の高さを誇り、灯台上部の展望台からは島根半島や隠岐諸島が望めます

④ 稲佐の浜

出雲大社の西にある浜で、国譲り、国引きの神話で知られています。旧暦10月10日に全国の神々をお迎えする浜でもあります

⑤ 食堂Cafe みらく

オススメ
松花堂ごはん¥1,250
天丼セット¥1,150

☎ 0853-22-7131
出雲市大津新崎町3-45
11：00 ～ 15：00
休 日曜 ＊他不定期で休みあり

⑥ そば処 かねや

オススメ
三色割子３段¥1,200 ～
ご縁そば¥1,100

☎ 0853-53-2366
出雲市大社町杵築東659
月・水・金曜
10：30 ～ 14：30
土日祝10：30 ～ 15：00
休 火・木曜

⑦ 尊 Mikoto

オススメ
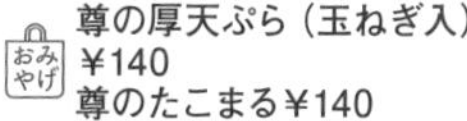
おみやげ
尊の厚天ぷら（玉ねぎ入）¥140
尊のたこまる¥140

☎ 0853-53-2301
出雲市大社町杵築南1327-6
8：00 ～ 14：00
休 火･木曜（祝日の場合は営業）

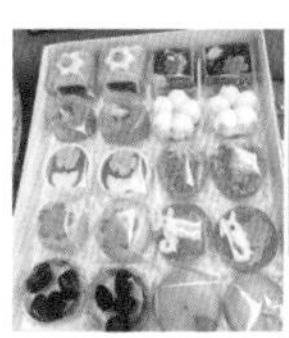

⑧ 猩猩園老舗

オススメ
おみやげ
ワッフル¥100
こづち餅（6ヶ入）¥360

☎ 0853-21-1418
出雲市今市町542
8：00 ～ 19：00
休 木曜

出雲市

出雲大社

izumooyashiro

❶ 出雲大社 神楽殿の大注連縄 📷 日本最大級（長さ13.6m、重さ5.2t）

勢溜（せいだまり）の大鳥居

出雲大社の正門でこの先から参道が始まります

御本殿（国宝）

大社造りと呼ばれる日本最古の神社建築様式

神在月・東十九社

神在月に出雲大社に集まられた神々のお宿となる社

[出雲大社]

縁結びの神様として名高く、日本最古の歴史書に記される神社です。二礼二拍手一礼という参拝が一般的ですが、出雲大社では二礼四拍手一礼です。
出雲といえば出雲そばが有名ですが、「ぜんざい」発祥の地でもあります

Access

出雲市大社町杵築東195

斐川ICから車で約7分
JR出雲市駅からタクシーで約10分

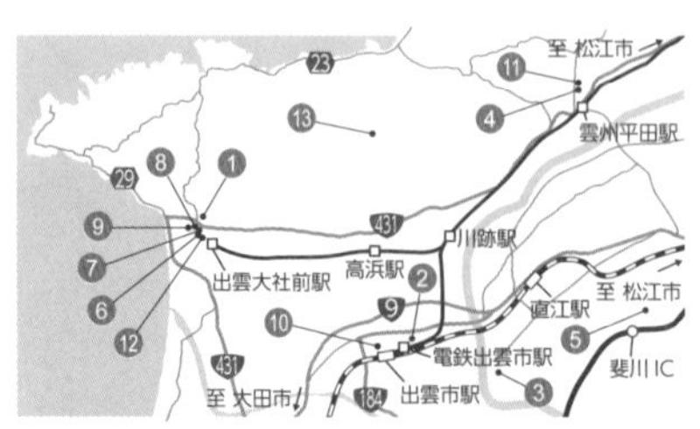

❷ 献上そば 羽根屋 本店

オススメ
割子そば3段¥900
釜揚げそば¥850

☎ 0853-21-0058
出雲市今市町本町549
11：00～15：00
17：00～19：00
休 1/1

❸ ガラス工房 Izumo

オススメ
ビアグラス（小）¥4,400
つぶつぶタンブラー
¥3,300

☎ 0853-77-5159
出雲市斐川町出西1341-1
9：00～18：00
土曜9：00～17：00
休 年末年始

❹ そば処・喜多縁

オススメ
鴨汁せいろ¥1,430
三色割子そば¥1,150

☎ 0853-31-4259
出雲市平田町989-4
11：00～14：00
17：30～20：00
休 火曜、第3月曜
＊不定休あり

❺ 荒神谷史跡公園

公園内、博物館の奥側に広がる「二千年ハス」。広大な面積にハスが咲いており、可憐な色と形にうっとりします。6月末から7月上旬の午前中の早めがよい時間帯です

❻ 福乃和

オススメ
おふく焼き1個¥250
うず煮1袋¥1,080

☎ 0853-53-8101
出雲市大社町杵築南837-2
10：00～17：00
休 なし

❼ Izumo Brewing Co. TAISHA
（イズモ ブルーイング カンパニー タイシャ）

オススメ
しまね和牛串ビールセット（M）¥2,000
IZUMOシリーズ3本セット¥2,190

☎ 0853-31-9233
出雲市大社町杵築南840-1
夏9：00～18：00／冬9：00～17：00
休 不定休

⑧ そば処田中屋

オススメ
五色割子そば￥2,200
天ぷら三色割子そば
￥2,222

☎ 0853-53-2351
出雲市大社町杵築東364
11：00 ～ 16：00
＊蕎麦がなくなり次第終了
休 木曜

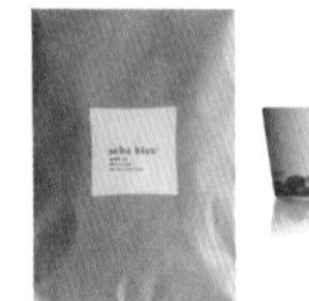

⑨ 田中屋分店

オススメ
おみやげ
sobabien蕎麦猪口￥7,700
sobabienガレットミックス
￥702

☎ 0853-53-2351
出雲市大社町杵築南正門西952
11：00 ～ 15：00
休 木曜 ＊不定休あり

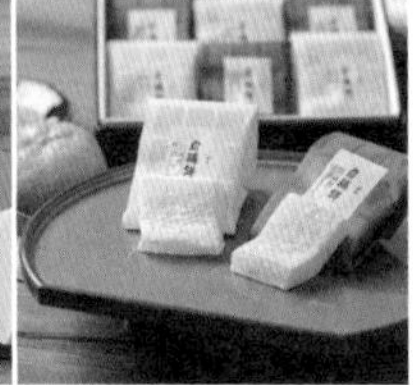

⑩ 坂根屋

オススメ
おみやげ
出雲ぜんざい￥567
宿禰餅［すくねもち］（9個入）￥750

☎ 0853-24-0011
出雲市今市町890
9：00 ～ 18：00
休 水曜

⑪ 木綿街道

江戸時代から木綿の流通で栄えた「木綿街道」には、当時の町並みが今も残っています。街道内には創業百年以上の老舗が５軒あり、地域の伝統的な建築様式の町屋も数多く見られます

⑫ 俵屋菓舗 神門店

オススメ
おみやげ
俵まんぢう（1個）￥140（8個入）￥1,320 ～
俵せんべい（1袋2枚）￥130（5袋入10枚）￥850～

☎ 0853-53-4737
出雲市大社町杵築南771
8：30 ～ 17：30
休 なし

⑬ 鰐淵寺（がくえんじ）

県内で最も美しい紅葉の名所として親しまれており、晩秋になると境内は一面真紅に染まり、見事な光景が広がります

安来市・松江市

足立美術館

adachibijutsukan

Shimane

❶ 足立美術館「生の額絵」〔安来市〕

❷ 松江城〔松江市〕

全国に現存する12天守の一つであり、2015年に国宝に指定されました。最上階の天狗の間からの松江市街地や宍道湖などの眺望が素晴らしいです

❸ 小泉八雲記念館〔松江市〕

日本の文化や伝承などを広く世界に紹介した小泉八雲（ラフカディオ・ハーン）の記念館。遺愛品や初版本、直筆原稿の展示などがあります

［足立美術館］

横山大観や北大路魯山人の作品と共に、米誌ランキング日本一の庭園が有名です。5万坪の広大な日本庭園は「庭園も一幅の絵画である」との信念に基づき、細部まで維持管理され、春夏秋冬の季節ごとに美しい姿を見せてくれます

Access

安来市古川町320

JR安来駅から無料シャトルバスで約20分
安来ICから車で約10分

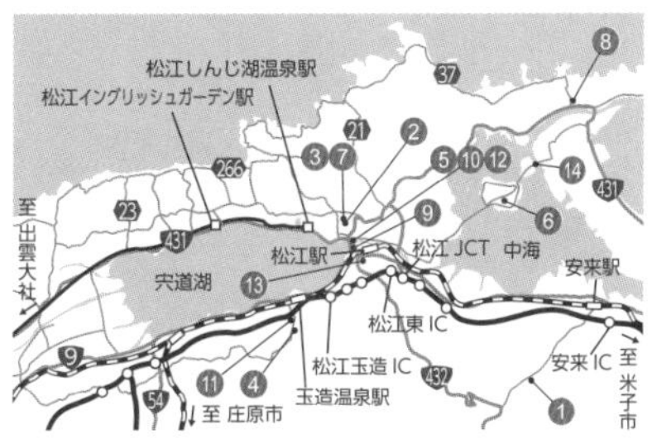

❹ 玉作湯神社（たまつくりゆじんじゃ）［松江市］

玉造温泉のすぐそばにあり、『出雲国風土記』にも載っている由緒正しい神社です。「願いが叶う！」と評判のパワースポットとして注目を浴びています

❺ 八雲塗やま本

オススメ

おみやげ 木製手付カップ 八雲白檀 琥珀（皿・スプーン付）1客¥11,000
木製モダンカップ 八雲白檀 琥珀 1客¥11,000

☎ 0852-23-2525
📍 松江市末次本町45
🕒 10：00～19：00
㊡ 1/1～1/3

❻ 由志園［松江市］

牡丹で有名な1万坪の日本庭園。季節ごとに趣向が凝らされて、食事処もあり、来園者を喜ばせてくれます

❼ 神代そば

オススメ

割子そば¥990
三彩割子¥1,480

☎ 0852-21-4866
📍 松江市奥谷町324-5
🕒 11：00～14：00
＊そばがなくなり次第閉店
㊡ 水曜

❽ 味処まつや

オススメ

ベニズワイガニ定食¥4,510 海鮮丼¥1,980

☎ 0852-72-2327
📍 松江市美保関町森山716
🕒 11：00～14：30
＊なくなり次第終了
㊡ 日曜、GW・お盆期間・正月期間

❾ 漁師小屋「麦穂」

オススメ

鯖しゃぶ¥1,628
鯖の塩たたき¥1,078

☎ 0852-67-2477
📍 松江市寺町188
🕒 18：00～22：00
（LO21：15）
㊡ 日曜

⑩ 庭園茶寮 みな美

オススメ
鯛めし御膳「福」 ¥2,750 [昼]鯛めし会席「八重垣」 ¥6,600 [夜]鯛めし会席「堀川」 ¥8,800 ＊別途サービス料がかかる場合があります。個室利用の場合は別途室料がかかります

☎ 0852-21-5131 ◎ 松江市末次本町14
⏱ 11：30 ～ 15：00（LO14：00、土日祝LO14：30）
17：30 ～ 21：00（LO20：00）
㊡ 火曜（祝日の場合は営業）

⑪ レトロ雑貨店 Minamin*

オススメ
おみやげ
オリジナルキャラクター「フルリちゃん」グッズ各種：レザーキーホルダー¥990など
アンティークシャープナー各種¥770

☎ 0852-67-5050
◎ 松江市玉湯町玉造1241 玉造アートボックス2F
⏱ 10：00 ～ 17：00
㊡ 木曜、第3金曜

⑫ 松江 月ヶ瀬

オススメ
みたらし団子¥102
ぜんざい¥800

☎ 0852-21-2497
◎ 松江市末次本町87
⏱ 10：00 ～ 18：30（OS18：00）
㊡ 木曜

⑬ 手打ちそば 東風

オススメ
割子そば（十割） ¥960
磯のりそば（二八） ¥1,000

☎ 0852-67-2618
◎ 松江市雑賀町237-3
⏱ 11：30 ～ 14：30
㊡ 日・月曜

⑭ 江島大橋［島根県松江市・鳥取県境港市］

島根県松江市八束町の江島と鳥取県境港市とを結ぶ中海にかかる橋。通称「ベタ踏み坂」として知られ、最上部は高さ約45mに達し、コンクリート製の桁橋としては日本最大です

雲南市・奥出雲町・飯南町

斐伊川堤防桜並木

hiikawateibousakuranamiki

❶ 斐伊川堤防桜並木［雲南市］

❷ 中村鮮魚店

オススメ

おみやげ 炭火 焼きさば¥1,200
おふくろの味
焼きさば寿司¥550

☎ 0854-42-0415
雲南市木次町木次八日市141
8：00 ～ 19：00
㊡ 水・日曜

［斐伊川堤防桜並木］

川を横切る橋に橋げたがなく、昭和より以前の情景かと思わせる堤防の桜並木です。桜の数が多く重量感あり、毎年3月下旬から4月上旬には斐伊川にそって、全長約2㎞の桜のトンネルができます

Access

雲南市木次町木次

三刀屋木次ICから車で約5分
JR木次駅から徒歩で約1分

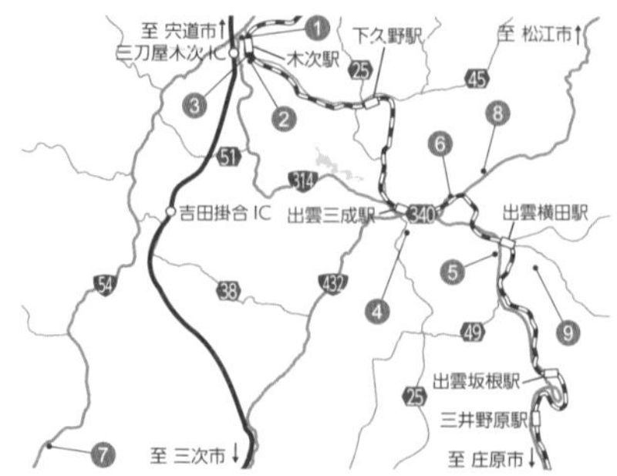

❸ 石田魚店

オススメ
焼鯖棒寿司￥1,380
元祖・焼鯖太巻￥860

☎ 0854-42-0214
雲南市木次町木次448
9：00～18：30
休 日曜

❹ 鬼蕎麦

オススメ
あい盛り￥1,350
天ざる￥1,800

☎ 0854-54-2101
仁多郡奥出雲町三成1415-27
11：00～18：00
休 水曜

❺ 一風庵

オススメ
ゆばそば￥1,188
ののか￥1,260

☎ 0854-52-9870
仁多郡奥出雲町下横田89-2
11：00～15：00
休 木曜

❻ 扇屋そば

オススメ
割子そば￥860
釜揚そば￥860

☎ 0854-57-0034
仁多郡奥出雲町郡340
10：00～15：00
休 火曜

❼ 奥出雲そば処 一福 頓原本店

オススメ
舞茸天ぷらそば￥1,650
ちりめん山椒ご飯￥450

☎ 0854-72-0277
飯石郡飯南町佐見977
月～金曜10：30～17：30（LO17：00）、土日祝 10：30～18：30（LO18：00）
休 1/1、月曜不定休

❽ 味処 玉峰

オススメ
魚2種と野菜の天ぷら定食 魚2種のからあげ定食 いずれも（平日）￥1,100（休日）￥1,200
＊プラス￥200でお刺身付き

☎ 0854-57-0102
仁多郡奥出雲町亀嵩2268-2
11：00～14：00／18：00～21：00
＊夜は前日までの予約制
休 月曜（祝日の場合は翌日休業）、第2・4火曜

❾ 姫のそば ゆかり庵

オススメ
横田小そばのそば御膳￥1,520
釜あげそばと割子2枚￥1,780

☎ 0854-52-2560
仁多郡奥出雲町稲原2128-1 稲田神社内
11：00～14：30（LO）
休 火曜・第3水曜（祝日の場合は営業）

大田市・邑南町・江津市

温泉津やきものの里

yunotsuyakimononosato

❶ 温泉津やきものの里の登り窯〔大田市〕

❷ 立神岩〔大田市〕

切り立つ海食崖の壁面には、白いしま模様の地層が複数層に重なって露出しており、迫力ある姿が見られます

❸ 浄善寺〔大田市〕

紅葉の季節になると、遠くから見てもその圧倒的な存在感が放たれます。絨毯を敷き詰めたかのように一面が黄色く染まります

[温泉津やきものの里・やきもの館]

20mの長さを持ち、10段にも及ぶ、日本最大級の現役登り窯があります。やきもの館では、温泉津焼に関する貴重な資料が展示されており、陶芸体験を行うことができます。さらに、地元の窯元の作品も購入できます

Access

大田市温泉津町温泉津イ22-2

江津ICから車で約25分
JR温泉津駅からタクシーで約5分

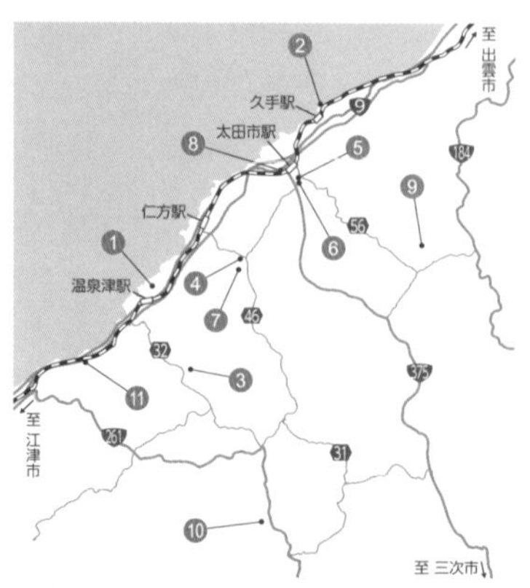

④ お食事処 おおもり

オススメ
銀山和定食¥1,300
代官そば¥1,300

☎ 0854-89-0106
大田市大森町ハ44-1
11：00 ～ 15：00
休 不定休

⑤ 茶心 春光園

オススメ
抹茶パフェ¥800
宇治抹茶かき氷¥950

☎ 0854-82-0241
大田市大田町大田ロ947-16
9：00-19：00
休 不定休

⑥ 栗まんじゅうの店
栗寅 Kuritora

オススメ
おみやげ
栗入りあずき¥200
かすたぁど¥180

☎ 0854-82-3414
大田市大田町末広ハ20
10：00 ～完売まで
休 月・木曜

⑦ 石見銀山 群言堂 本店

オススメ
おみやげ
季節のパフェ¥1,045
(季節で内容変更あり)
MeDu ネイル&ハンドクリーム¥2,090

☎ 0854-89-0077
大田市大森町ハ183
11：00 ～ 17：00（カフェ LO16：30）
休 水曜（祝日の場合は営業）、年末年始
臨時休業あり

⑧ クチーナカンターレ

オススメ
しまねポーク スペアリブグリル¥2,200
パスタ料理¥1,320 ～

☎ 0854-86-8222
大田市長久町長久長久川南イ614
11：30 ～ 14：00 ／ 17：30 ～ 20：00
（日曜の夜は要予約）
休 月曜

⑨ 東の原展望テラス
〔大田市〕

リフトを降りてすぐに展望台に到着します。秋には火口周辺の紅葉を見ることできます

⑩ 垣崎醤油店

オススメ
おみやげ
醸魂こいくち醤油900ml
¥1,782 糀みそ1kg ¥648

☎ 0855-95-0321
邑智郡邑南町中野1046
月～金曜9：30 ～ 17：45
土祝10：00 ～ 15：00
休 日曜、お盆・年末年始
＊土曜は不定期で休業あり

⑪ 地産地消の店
大黒食堂

オススメ
まる姫とんかつ定食¥1,320
あなご天丼¥1,210

☎ 0855-55-1155
江津市後地町3348-113
神楽の里 舞乃市
11：00～15：00／17：00～
21：00（LO20：30）
休 なし

浜田市・益田市

石見畳ヶ浦

iwamitatamigaura

❶ 石見畳ヶ浦（国指定天然記念物）〔浜田市〕

❷ 唐音の蛇岩（からおとのじゃがん）〔益田市〕

大蛇が岩盤上に横たわっているように見える岩肌と日本海の景色は絶品です

❸ 高津柿本神社〔益田市〕

柿本人麻呂を祀る神社。毎年9月1日には八朔祭が行われ、古式ゆかしい流鏑馬神事が催されます

❹ 飯浦海岸〔益田市〕

衣毘須神社を通り過ぎて道なりに行くと奇岩や巨石、断崖があり、見ごたえのある海岸線が続きます

[石見畳ヶ浦]

国府海水浴場から洞窟を抜けると、「千畳敷」と呼ばれる広大で平らな岩場が広がります。腰掛け状の丸い岩は、ノジュールという化石などを核としてできあがった珍しい岩です

Access

浜田市国分町

JR下府駅から徒歩で約25分
浜田ICから車で約12分

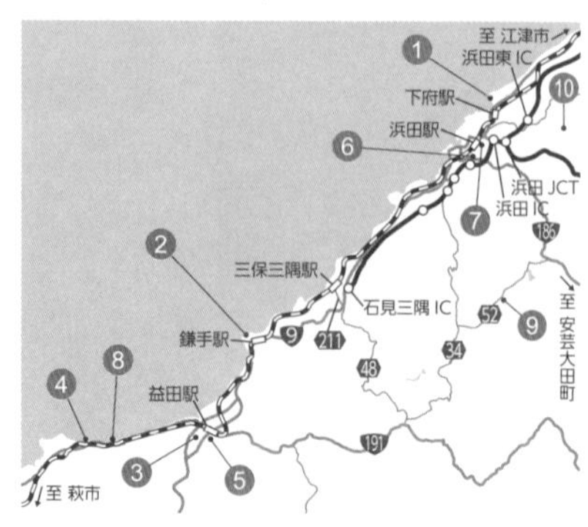

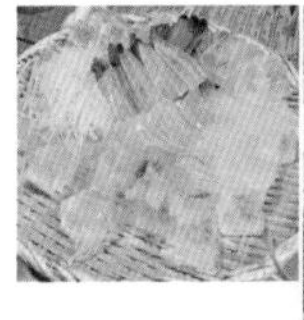

❺ 田吾作

オススメ
田吾作定食￥995
活いか刺身￥2,500～

☎ 0856-22-3022
益田市赤城町10-3
12：00～14：00／17：00～
休 不定休

❻ 江木蒲鉾店

オススメ
おみやげ なうなう赤てん5枚袋入り￥680
なうなう赤てん真空5枚袋入り￥770

☎ 0855-22-1538
浜田市朝日町1426-4
8：00～17：00
休 日祝、水曜（HPのカレンダー参照）

❼ すし処 寿しゆう

オススメ
あじにぎり￥308
のどぐろにぎり￥770

☎ 0855-25-5251
浜田市浅井町86-33
キクヤビル1F
11：30～13：30
17：00～22：00
休 火曜

❽ 衣毘須神社［益田市］

干潮で風の穏やかな日などに、砂浜を通って参拝することができることから、「山陰のモンサンミッシェル」といわれています

❾ 陽氣な狩人

オススメ
特製うどん￥850
猪肉さっと炒め￥900

☎ 0855-48-5408
浜田市弥栄町高内イ333-1
11：00～15：00
休 水・木曜

❿ 今福線（未成線）橋脚群［浜田市］

巨大な柱は、「幻の広浜鉄道」（広島県と浜田市を結ぶ）と呼ばれる今福線の橋脚です

津和野町

太皷谷稲成神社

taikodaniinarijinja

① 太皷谷稲成神社 表参道の鳥居

② 津和野栗

大粒で琥珀色の栗です

新殿

［太皷谷稲成神社］
丘の上の神門まで続く約1000本の朱塗りの鳥居が有名です。鳥居を300mほど登ると本殿があります。境内からは津和野の町並みが、箱庭のように広がります

Access

鹿足郡津和野町後田409

JR津和野駅からタクシーで約5分
小郡ICから車で約70分、
六日市ICから車で約60分

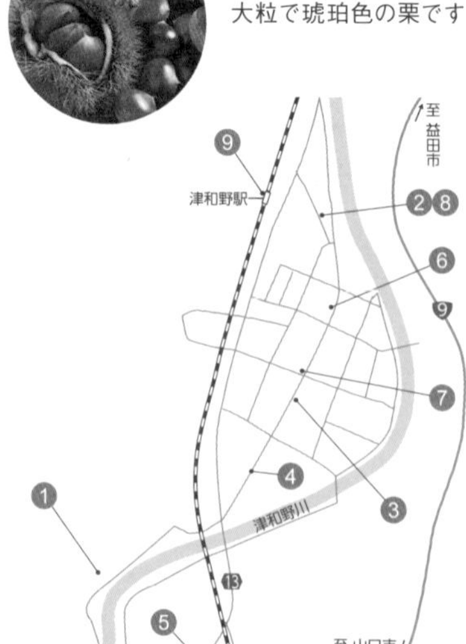

❸ 分銅屋 七右衛門本店

オススメ

おみやげ 香り付き薬玉¥990～ 水引き・組み紐イヤリング・ピアス¥1,300～
＊煎茶体験（60～120分）¥3,000

☎ 0856-72-0021
📍 鹿足郡津和野町後田ロ190
🕒 夏期8：00～18：00、冬期8：30～17：00
休 不定休

❹ 殿町通り 📷

古い佇まいを残しており、白壁と鯉が群れ泳ぐ光景や、白や紫の花菖蒲が咲き誇る時期は特に美しいです

❺ 三松堂 津和野本店

オススメ

おみやげ 源氏巻（1本）¥330
こいの里（5個入）¥780

☎ 0856-72-0174
📍 鹿足郡津和野町森村ハ19-5
🕒 8：00～18：00
休 なし

❻ 遊亀

オススメ

🍴 山菜定食¥1,900
うなぎ定食¥4,000

☎ 0856-72-0162
📍 鹿足郡津和野町後田ロ271-4
🕒 11：00～15：00（LO14：30）
休 木曜

❼ 海老舎

オススメ

おみやげ 張子 十二支¥1,100
古材 一輪挿し¥770

☎ 0856-72-4017
📍 鹿足郡津和野町後田ロ233
🕒 8：00～16：50
休 月～木曜（臨時休業あり）

❽ 城下町の小さな農家レストランちしゃの木

オススメ

🍴 究極の十割塩そば¥946
栗のみの純栗羊羹¥1,242

☎ 0856-72-1455
📍 鹿足郡津和野町後田イ140-1
🕒 11：00～そばがなくなるまで
休 火・水曜

❾ SL「やまぐち」号 📷

JR山口線の新山口駅～津和野駅間（約62.9㎞）を走る西日本で唯一のSLです（展示走行は除く）

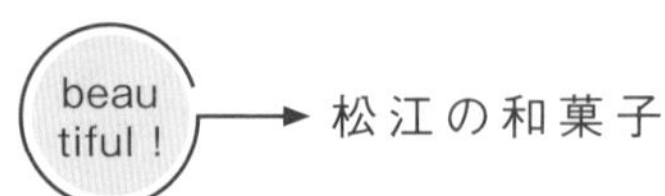

松江の和菓子

日本の伝統的な和菓子

松江藩の名君、松平不昧公命名の松江三大銘菓「若草」「山川」「菜種の里」。茶の湯文化にふれてみませんか…

若草

彩雲堂 本店

オススメ

若草3個入 ¥681
彩雲堂プレートお飲み物付き ¥1,430

☎ 0852-21-2727
松江市天神町124
9:00～18:00
休 不定休

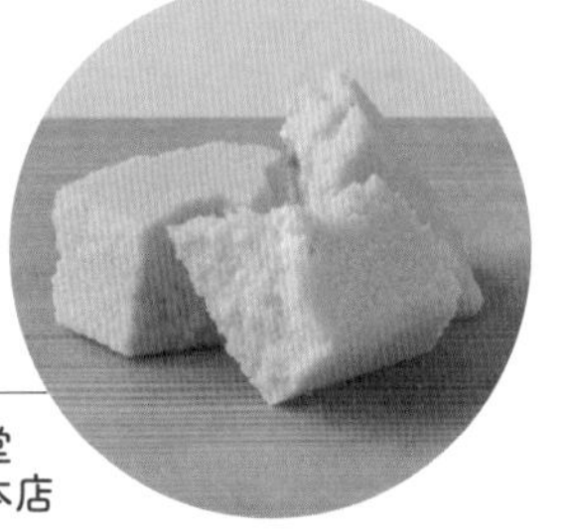

菜種の里

三英堂 寺町本店

オススメ

日の出前1本入 ¥1,836
菜種の里1枚入 ¥972

☎ 0852-31-0122
松江市寺町47
8:30～17:30
休 不定休

彩雲堂プレート
お飲み物付き

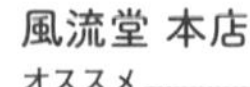

日の出前

山川

風流堂 本店

オススメ

山川1枚入 ¥1,058
朝汐4個入 ¥1,080

☎ 0852-21-3241
松江市寺町151
9:00～18:00
休 1/1、第1日曜

朝汐

OKAYAMA

岡山

総社市
岡山市
備前市
和気町
倉敷市
玉野市
浅口市
鏡野町
真庭市
津山市
高梁市
新見市

総社市・岡山市

備中国分寺五重塔

bitchukokubunjigojunoto

❶ 備中国分寺［総社市］

❷ 備中高松城址［岡山市］

豊臣秀吉の水攻めで有名な備中高松城の跡です。公園になっていて、大きな蓮池があり、7月前半の蓮が開花するシーズンには多くの見物客が訪れます

❸ 吉備津神社［岡山市］

桃太郎の童話のもとになった、吉備津彦の温羅（うら／おら）退治の伝説が伝わっている神社です。吉備津彦命に祈願したことが叶えられるかどうかを釜の鳴る音で占う鳴釜神事があります

［備中国分寺］

奈良時代の寺院で五重塔と田園風景がマッチしており、まるで古代にタイムスリップしたようです。季節ごとに咲く花や稲などで、いつ来ても気持ちが和む場所です

Access

総社市上林1046

岡山総社ICから車で約10分
JR総社駅から車で約10分

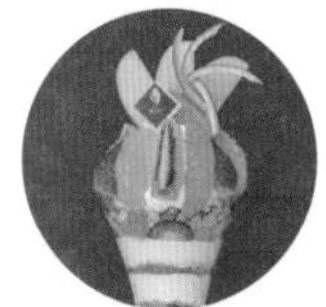

④ 観音山フルーツパーラーOKAYAMA

オススメ
旬フルーツの農園パフェ¥1,780
岡山県産ももパフェ¥2,200

☎ 086-236-8511
岡山市北区奉還町1-5-15
11：00～18：00（LO17：30）
*7～9月 11：00～19：00（LO18：30）
休 火曜・年末年始 *7～9月は無休

⑤ 洋食喫茶 アドロック

オススメ
フレンチトーストモーニング¥950
スペシャルランチ¥1,680

☎ 086-206-7755
岡山市中区倉田691-3
モーニング8：00～10：00（OS）
ランチと日祝11：30～14：30
喫茶11：30～17：00（OS16：30）
休 不定休

⑥ 手打ちうどん こちよ

オススメ
鍋焼うどん¥850
ざるうどん¥370

☎ 086-250-9505
岡山市南区富浜町2-51
11：00～15：00
17：30～20：00
休 木曜

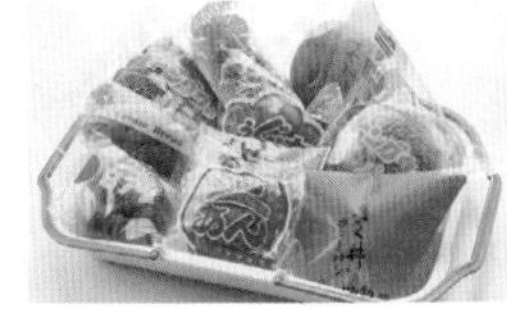

⑦ ベーカリー トングウ

オススメ
おみやげ
油パン¥160
岡山コッペ各種¥180～

☎ 0866-92-0236
総社市駅前1-2-3
8：00～18：00（閉店後は自動販売機にて販売）
休 日・月曜

⑧ 手打蕎麦 じくや

オススメ
せいろ¥800
さらしな¥800

☎ 090-7971-3590
岡山市北区奉還町3-15-8
11：00～14：00
休 月・金曜

⑨ 郷土料理 海幸

オススメ
郷土料理6品 海コース¥3,000
黄ニラ玉子とじ¥1,000

☎ 086-222-3184
岡山市北区下石井2-4-14
11：30～13：30
17：00～21：00
休 日祝（予約で営業可）

写真提供：岡山後楽園

⑩ 岡山後楽園

［岡山市］

日本三名園のひとつで、約300年前に岡山藩主池田綱政が作った庭園です。後楽園からは岡山城が望めます。期間限定ですが、園内をライトアップする夜間特別開園「幻想庭園」を楽しむことができます

備前市・和気町

真魚市

manaichi

地元伊里漁業協同組合の漁師さん

真魚市に並ぶ鮮度バツグンのお魚

❶ 伊里漁業協同組合「真魚市」 おみやげ

☎ 0869-67-0016
備前市穂浪2837-5
日曜7：00 ～ 12：00

［真魚市］

真魚市には地元の漁師さんたちが朝イチで水揚げした旬の魚介類が並びます。魚を購入するだけでなく、あなごの天ぷら・焼うなぎ、海鮮うどんなど、そのときに獲れる海産物を味わうこともできます

Access

JR伊里駅から徒歩で約20分
山陽自動車道備前IC下車、
岡山ブルーライン備前ICから車ですぐ

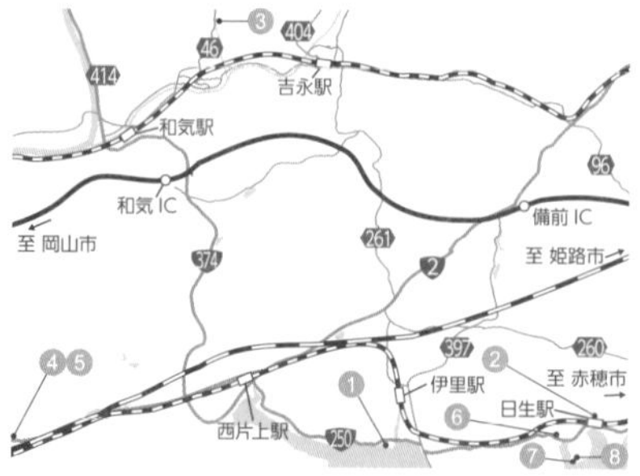

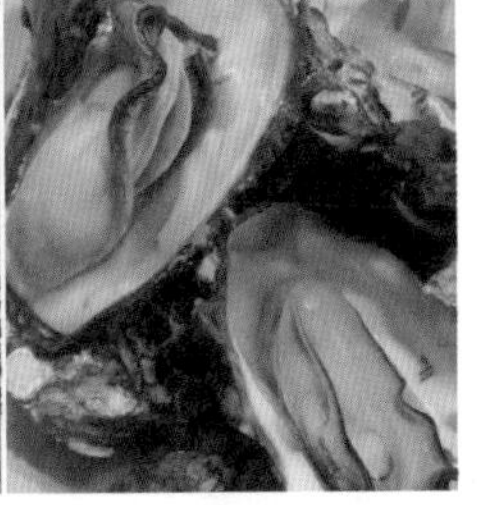

❷ お好み焼き
「うま×うまuma2」

オススメ
カキオコ¥1,200
ガラつき蒸しがき¥1,000

☎ 090-5692-4722
備前市日生町寒河2573-2
11：00 ～ 15：00
休 火曜

❸ 和気町藤公園［和気町］

全国各地から約100種類の藤が集められて、種類の多さでは全国でもトップクラス。花の見頃は4月中旬～ 5月上旬くらいです

❹ 鷹取醤油

オススメ
おみやげ しょうゆソフトクリーム¥330
コーヒーフロート¥330

☎ 0869-66-9033
備前市香登本887
［3～10月］10：00～18：00
［11～2月］10：00～17：30
休 年末年始

❺ まつもと食堂

オススメ
まつもと定食¥1,260
和風ハンバーグ¥1,000

☎ 080-6269-3731
備前市香登本829-1
11：00 ～ 15：00
休 木・日曜

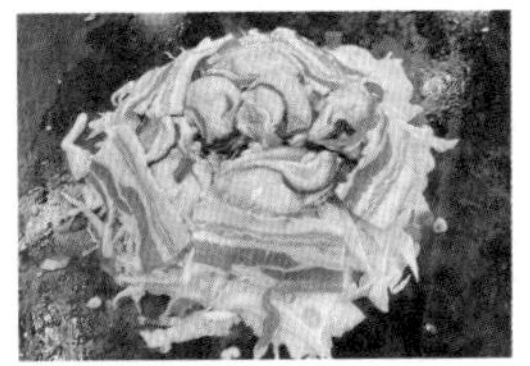

❻ ほり お好み焼

オススメ
カキブタ玉¥1,300
カキの鉄板焼き¥650

☎ 0869-72-0045
備前市日生町日生886-5
10：00 ～ 15：00
休 水曜、第3木曜
＊6 ～9月は夏期休業

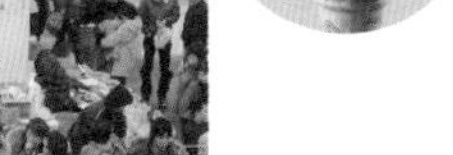

❼ 五味の市
日生町漁業協同組合

オススメ
おみやげ 四季折々の魚介
（冬はかき一色）¥時価
かきフライソフト¥350

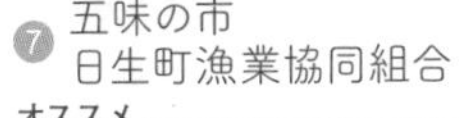

☎ 0869-72-3655
備前市日生町日生801-8
8：00 ～ 16：00
休 ［11 ～ 4月末］水曜
［5 ～ 10月末］火・水曜
（祝日の場合は翌日休業）

❽ 海の駅 しおじ

オススメ
海鮮バーベキュー（レンタル料）1テーブル¥2,500
（予約制）
おみやげ 土産物全般

☎ 0869-72-2201
備前市日生町日生801-8
8：00 ～ 16：00
休 年末年始

倉敷市・玉野市・浅口市

鷲羽山 展望台

wasyuzan tenboudai

❶ 鷲羽山展望台からの瀬戸大橋を望む〔倉敷市〕

© 岡山県観光連盟

❷ 深山イギリス庭園〔玉野市〕

イギリス人が設計した庭園で、6つのテーマガーデンにわかれています。特に薔薇などが咲くシーズンに行くといいでしょう

❸ 王子が岳〔玉野市〕

頂上付近に岩石が集中している山で瀬戸内海の眺望が素敵です

[鷲羽山]

日本初の国立公園となった鷲羽山。山頂からは瀬戸大橋を一望でき、多島美を眺めながら散策も楽しめます。駐車場から階段を上がった所に展望台とレストハウスやレストランがあります

Access

倉敷市下津井田之浦

児島ICから車で約10分
JR児島駅から下津井循環バスで約30分、「鷲羽山第二展望台」下車、徒歩で約5分

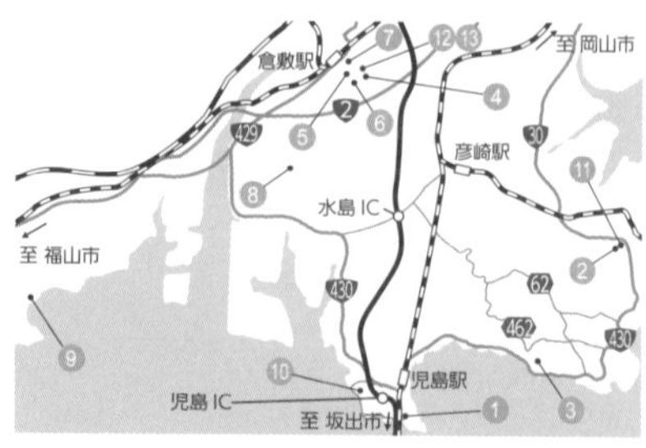

❹ ふなおワイナリー

オススメ

おみやげ
ワイン：マスカット・オブ・アレキサンドリア
フリーラン［極甘口］¥4,400
ワイン：マスカット・オブ・アレキサンドリア
スパークリングワイン¥3,960

☎ 086-552-9789
📍 倉敷市船穂町水江611-2
🕒 9：00～17：00
㊡ 水曜、年末年始（12/29～1/3）

❺ 御菓子処 橘香堂 本店

オススメ

おみやげ
むらすゞめ（4個入）¥680
栗まん（4個入）¥920

☎ 086-422-5585
📍 倉敷市阿知2-19-28
🕒 9：00～18：00
㊡ 1/1

❻ 大手まんぢゅうカフェ

オススメ

蒸したて大手まんぢゅうセット¥850
大手まんぢゅうソフト¥450

☎ 086-421-3700
📍 倉敷市中央1-4-18
🕒 12：00～17：00（LO16：30）
㊡ 月・火・水曜

❼ 岡山おくりものファーム LOGIN Kurashiki 店

オススメ

おみやげ
「うらら」岡山県産のフルーツを使用した加工品
（ゼリー・ジュース・ジェラート）¥460～

📍 倉敷市阿知2-20-9 LOGIN Kurashiki内
🕒 10：00～18：00
㊡ 不定休

❽ 田舎や徳膳

オススメ

サービスランチ（季節のお魚料理、小鉢付）¥2,200
うな重セット（茶碗蒸し、汁物、漬物付）¥3,608
＊いずれも昼・夜注文可

☎ 086-446-0341　📍 倉敷市水島北瑞穂町7-4
🕒 11：30～14：30／18：00～23：00　㊡月曜

❾ 割烹・仕出し漁八

オススメ

海鮮丼定食¥1,793
穴シャコの唐揚げ¥1,210

☎ 0865-54-2640
📍 浅口市寄島町3981-18
🕒 11：30～14：00
17：00～20：30
㊡ 水曜、第1・3木曜

⑩ 三百山夕陽ビューポイント〔倉敷市〕

鷲羽山から福山方面に沈む夕陽のスポットです

⑪ 海の幸レストラン バイキング

オススメ

刺身＆エビフライ定食¥900
海鮮ちらし丼¥1,000

☎ 0863-31-6609
玉野市田井2-4526
11：30 ～ 14：00
㊡ 月・火・金曜

⑫ 平翠軒

オススメ

あかひら（ブロック g売り）100g ¥2,268
（スライス） ¥972
焼きかきのオイル漬け¥1,134

☎ 086-427-1147
倉敷市本町8-8
月曜13：00 ～ 17：00
火～土曜10：00 ～ 18：00
㊡ なし

⑬ 備前焼ギャラリー 倉敷一陽窯

オススメ

抹茶と季節の生菓子¥850＊夏季休止
宇治ミルク金時¥800＊夏季限定

☎ 086-421-0246
倉敷市本町3-17
火～金曜10：00 ～ 17：00
土日祝10：00～17：30 ＊カフェは30分前に閉店
㊡ 月曜（祝日の場合は翌日休業）
＊カフェは平日に不定休あり

鏡野町・真庭市・津山市

奥津渓谷

okutsukeikoku

1 奥津渓谷［鏡野町］

2 山田養蜂場お菓子工房
ぶんぶんファクトリー

オススメ

はちみつソフト¥400
ハニーアップルパイ
¥460

0868-54-3855
苫田郡鏡野町円宗寺51-1
10：00 ～ 19：00
休 不定休

［奥津渓谷］

新緑や樹氷など四季の絶景を楽しむことができます。渓谷沿いに遊歩道が整備されていて、紅葉のシーズンはたくさんの人出があります

Access

苫田郡鏡野町奥津川西

院庄ICから車で約25分
JR津山駅から中鉄バス「奥津温泉・石越線」行きで約60分、「小畑」下車、徒歩で約3分

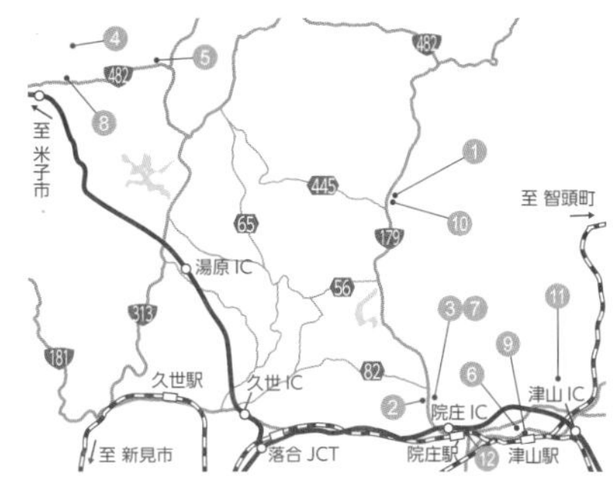

③ うどん坊 かがみの

オススメ

天ぷらぶっかけ¥830
釜バターうどん¥730

☎ 080-2388-8771
苫田郡鏡野町円宗寺211-1
11：00 ～ 15：00
㊡ 不定休

④ ひるぜん ジャージーランド

オススメ

蒜山ジャージー 100% プレミアムソフトクリーム ¥450
おみやげ 蒜山ジャージーバスクフロマージュ（冷凍） ¥2,600

☎ 0867-66-7011
真庭市蒜山中福田956-222
[3月下旬～ 11月]
9：30 ～ 16：30
＊土日、連休は状況により時間延長があります
[12 ～ 3月中旬]
10：00 ～ 16：00
㊡ 3 ～ 12月／無休
1 ～ 2月／ 1/1、火・水曜

⑤ やまな食堂

オススメ

ひるぜん焼そば¥654
ホルモン焼そば¥957

☎ 0867-66-4113
真庭市蒜山上長田2050-2
[3 ～ 11月]10：30 ～ 16：00
（LO15：30）
[12 ～ 2月]11：00 ～ 15：00
（LO14：30）
㊡ 木曜（祝日の場合は営業）

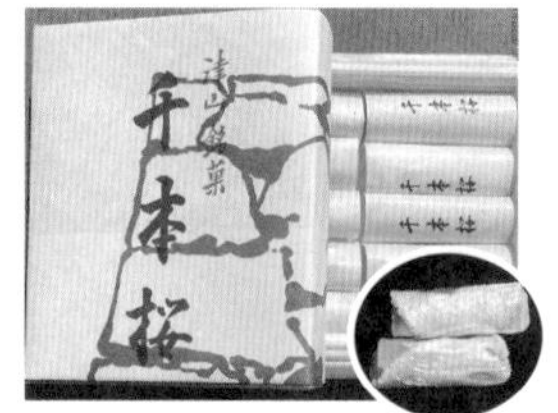

⑥ 鶴聲庵（かくせいあん）

オススメ

おみやげ 千本桜（1本） ¥140
〃 （10本入） ¥1,600

☎ 0868-22-4809
津山市二階町6
10：00 ～ 17：30
㊡ 日曜

⑦ 中華そば じなんぼう

オススメ

ねぎ中華¥870
チャーシュー丼セット ¥1,030

☎ 0868-54-4005
苫田郡鏡野町円宗寺233
（夢広場内）
11：00 ～ 16：00
㊡ 木曜

⑧ 蒜山高原 高原亭

オススメ

ひるぜん焼そば¥650
ジンギスカン定食¥1,800

☎ 0867-66-3696
真庭市蒜山上福田815
11：00 ～ 14：30
17：00 ～ 20：30
㊡ 木曜

⑨ 和み

オススメ
ホルモンうどん（並）¥700
（大）¥900（特大）¥1,200
お好み焼・モダン焼
（並）¥600（大）¥800

☎ 0868-35-2708
津山市南町1-11
11：00～14：00
17：30～21：00
休 水曜（夜）、第2・4日曜

⑩ 奥津渓甌穴群（おくつけいおうけつぐん）［鏡野町］

奥津温泉寄りの笠ケ滝から般若寺を経て、臼渕までの約3kmにわたって十数個の甌穴（河底や河岸の岩石面上にできる円形の穴）があり、最大級のものは直径5m、深さ3mにもなります

⑪ 御食事処 たかくら

オススメ
ホルモンうどん¥850
ホルモン焼飯¥800

☎ 0868-29-2549
津山市下高倉西1810-1
11：00～14：00
17：00～21：00
＊日祝は14：00まで
休 第4・5日曜

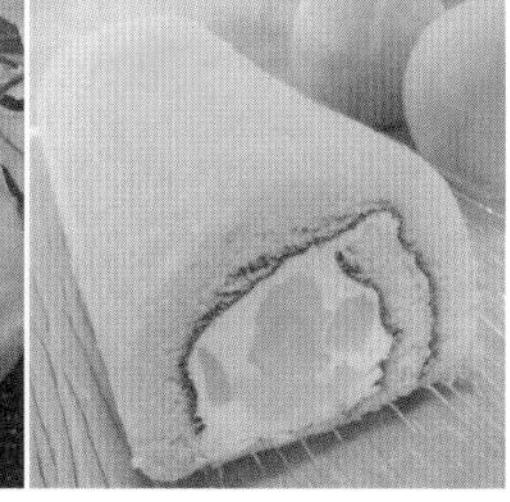

⑫ 松月堂 二宮店

オススメ
おみやげ
津山銘菓よこの餅（1個）¥184
津山ロール白桃¥1,600

☎ 0868-28-1242
津山市二宮54-13
10：00～17：50
休 不定休

高梁市・新見市

旧吹屋小学校

kyufukiyashogakko

❶ 旧吹屋小学校〔高梁市〕

❷ 吹屋ふるさと村〔高梁市〕

ベンガラ色で統一された江戸末期からの町並みが残っています。「『ジャパンレッド』発祥の地」として文化庁より日本遺産に認定されています

❸ 井倉洞〔新見市〕

絶壁の入り口から細い洞窟の中を上へと進んで行くと、さまざまな鍾乳洞に出合えます

[旧吹屋小学校]

明治33年に開校して平成24年に閉校するまで、現役最古の木造校舎として使用されていました。岡山県の重要文化財に指定されています

Access

高梁市成羽町吹屋1290-1

JR備中高梁駅から車で約50分
賀陽ICから車で約1時間10分

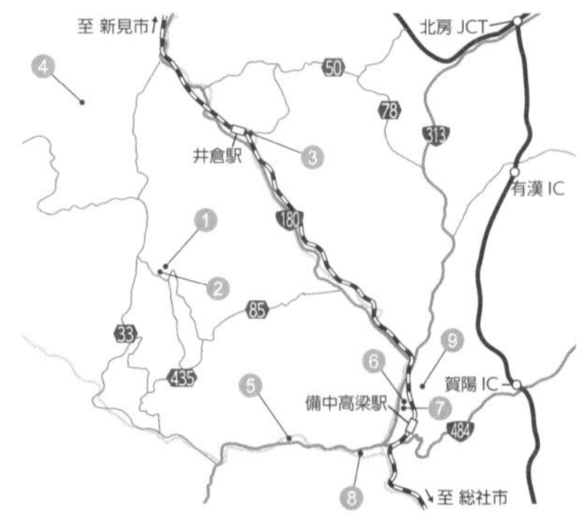

④ 哲多食源の里 祥華

オススメ
熟成千屋牛 鬢山人風すきやき御膳¥3,850
千屋牛炙り焼きローストビーフ重¥2,750

☎ 0867-96-2106
新見市哲多町宮河内1113-1
11：00～14：30／17：00～21：30
㊡ 水曜

⑤ 三宅製菓 かぐら店

オススメ
おみやげ 備中神楽面最中¥230
金平万頭¥122

☎ 0866-42-3105
高梁市成羽町下原326-1
8：30～18：30
㊡ 無休

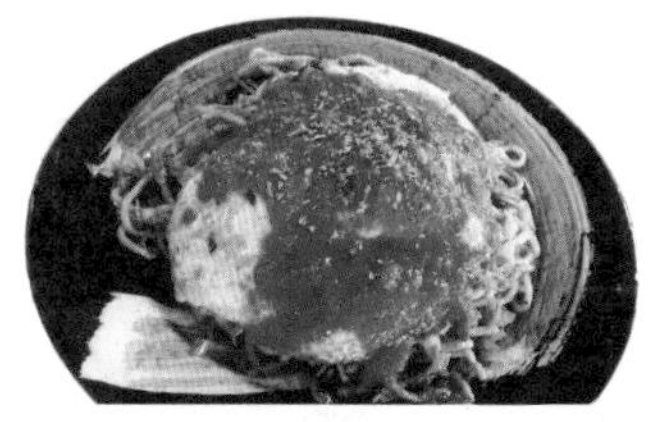

⑥ お好み焼き 五万石

オススメ
インディアントマト焼きそば¥770
モダン焼き¥770

☎ 0866-22-3310
高梁市鍛冶町125
10：30～20：00（OS19：30）
㊡ 月曜

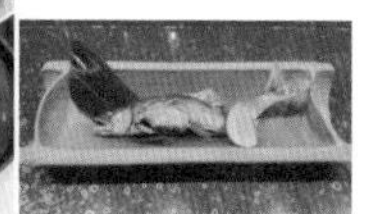

⑦ 魚富

オススメ
日替定食¥1,300
あゆ会席¥2,160

☎ 0866-22-0365
高梁市鍛冶町106
11：00～14：00／17：00～20：00
㊡ 月曜

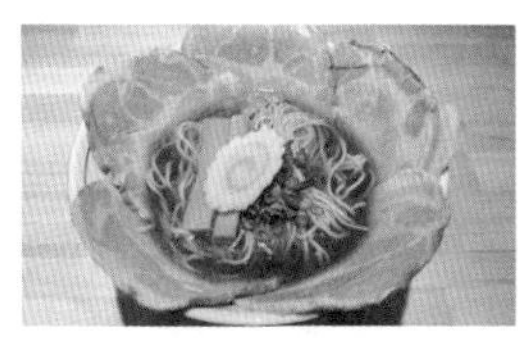

⑧ 麺とり 森田商店

オススメ
鶏しょうゆ
チャーシューメン¥1,200
鶏塩ラーメン¥900

☎ 0866-22-2940
高梁市落合町阿部2401-1
11：00～15：00
㊡ 火・水曜

© 岡山県観光連盟

⑨ 備中松山城［高梁市］

標高430mの臥牛山頂上付近に建つ備中松山城は、日本で天守が現存する唯一の山城です。9月下旬～4月初旬（特に10～11月）には雲海に浮かぶ幻想的なお城の姿を見ることができ、「天空の山城」と呼ばれています

good! → 特別史跡旧閑谷学校

講堂（国宝）

特別史跡旧閑谷学校

備前市閑谷784
Access：和気ICから車で約5分、備前ICから車で約15分。JR吉永駅からタクシーで約10分

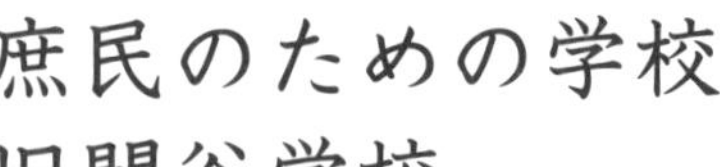

庶民のための学校 旧閑谷学校

寛文十年（1670年）年に岡山藩主池田光政が創建を命じた日本初の「庶民のための公立学校」。その谷深き地の学校は閑谷学校と名付けられ、日本の歴史を創る有能な人材が、ここから多く輩出されました

講堂内

校門（重要文化財）

石塀（重要文化財）

写真提供：（公財）特別史跡旧閑谷学校顕彰保存会

HIROSHIMA
広島

福山市
尾道市
三原市
竹原市
広島市
呉市
江田島市
東広島市
廿日市市
安芸太田町
北広島町
安芸高田市
庄原市
三次市
神石高原町
世羅町
府中市

福山市

鞆の浦

tomonoura

❶ 常夜燈　現存する江戸時代の常夜燈としては最大級の大きさを誇ります　©福山観光コンベンション協会

お手火神事
（おてびしんじ）
©福山観光コンベンション協会

鞆の風物詩
一夜干し
©福山観光コンベンション協会

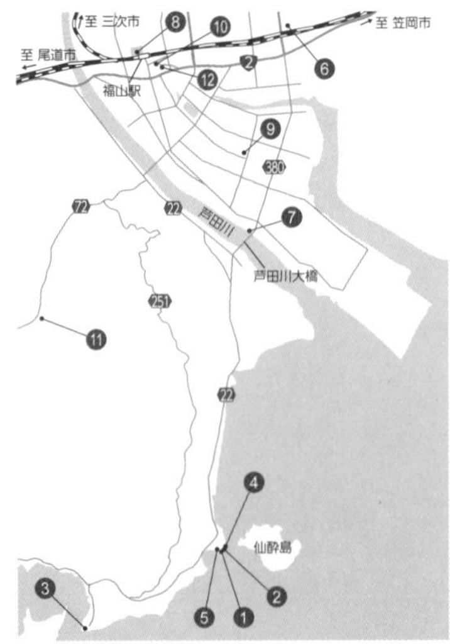

［鞆の浦］

鞆の浦は、古くから潮待ちの港として栄え、歴史ある古い街並みと美しい瀬戸内海の景観、そして新鮮な魚に恵まれた魅力満載の街です。また、7月の第2日曜の前夜に開催される「お手火神事」は日本三大火祭りの1つとされ、巨大なたいまつ3体を担ぎあげ、神社の石段を上る姿は勇者そのものです

Access

福山市鞆町鞆

JR福山駅南口から鞆鉄バスで約30分
福山東ICから車で約35分
福山西ICから車で約45分

❷ 鞆の浦けんちゃんのいりこ屋

オススメ
おみやげ いりこ¥600
おじゃこサブレ¥800

☎ 084-982-0043
📍 福山市鞆町鞆848
🕒 10：00 ～ 16：00
㊡ 火曜

❸ 阿伏兎観音（あぶとかんのん）📷

沼隈半島の南端、阿伏兎岬の突端に建つ臨済宗の寺院です

❹ 千とせ

オススメ
🍴 選べる鯛定食（2品）¥1,760
鯛茶漬け御膳¥1,540

☎ 084-982-3165
📍 福山市鞆町鞆552-7
🕒 11：30 ～ 15：00 ／ 18：00 ～ 20：00
㊡ 月曜の夜、火曜

❺ 岡本亀太郎本店

オススメ
おみやげ 岡亀保命酒720ml ¥1,700
純米仕込本味醂『岡本亀太郎』150ml ¥650

☎ 084-982-2126
📍 福山市鞆町鞆927-1
🕒 9：00 ～ 17：00
㊡ なし

❻ ごはん処 藤井堂

オススメ
🍴 特上海鮮丼¥2,100
肉厚アジフライ¥300

☎ 080-1940-0221
📍 福山市引野町1-1-1（福山市卸売市場内）
🕒 4：30 ～ 14：00
㊡ 水・日曜

©福山観光コンベンション協会

❼ 福山夏まつり あしだ川花火大会 📷

芦田川の広い水面に映る花火は福山ならではの美しさです

©福山観光コンベンション協会

❽ 福山城

江戸時代建築で最後の最も完成された名城ともいわれ、日本の100名城に選定されています。5階と地下1階からなる天守閣は、現在福山城博物館として運営されています

❾ 魚安食堂

オススメ
鯛丼¥980
魚安定食¥1,580

084-953-2124
福山市川口町2-10-34
11：30 ～ 14：00 ／ 17：00 ～ 22：00
休 水曜

❿ 味処 秀

オススメ
盛り合わせの刺身¥1,520
唐あげ［ネブト］¥850［くわい］¥740

084-928-1798
福山市元町13-2
11：30 ～ 14：00 ／ 17：00 ～ 22：00、土曜 17：00 ～ 22：00 ＊22：00入店23：00まで
休 日曜

⓫ 御菓子所 勉強堂 本店

オススメ
おみやげ
むぎっこ栗っ子（3入）¥939
本日鯛安（7入カゴ）¥2,268

084-959-0025
福山市熊野町乙1151-2
9：00 ～ 17：30
休 水曜

⓬ 割烹 魚勝

オススメ
うずみ¥1,100
寿司定食¥1,800

084-931-8888
福山市元町12-13
11：00 ～ 22：00（LO）
休 不定休

尾道市

耕三寺博物館 未来心の丘

kousanjihakubutsukan miraishinnoka

❶ 未来心の丘 光明の塔

❷ 千光寺公園

尾道水道を背景に桜が映えます

❸ 土堂突堤

ベンチに腰掛けてゆっくりと景色を眺めると気持ちいい

❹ 猫の細道

千光寺ロープウェイ乗り場近く、艮（うしとら）神社の裏山に続く細い坂道

[耕三寺博物館 未来心の丘]

「西の日光」とも呼ばれている耕三寺の敷地内には、広さ5,000平方メートルにも及ぶ白い大理石で造られた庭園があります。純白の大理石が青々とした空に照らされ、とても美しい光景が目の前に広がります

Access

尾道市瀬戸田町瀬戸田553-2

生口島北ICから車で約13分
JR尾道駅からタクシーで約40分

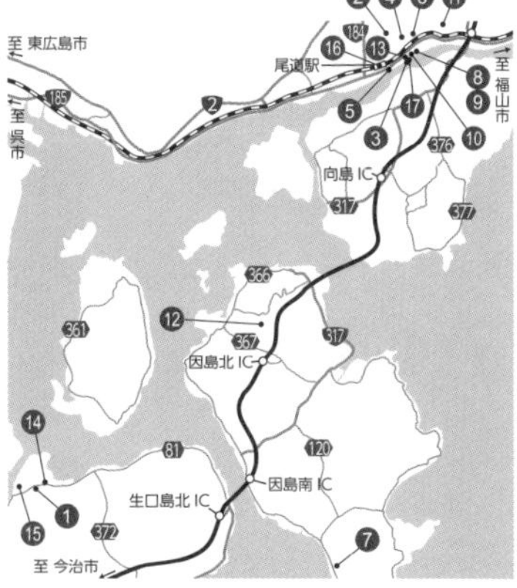

❺ おやつとやまねこ 本店

オススメ

おみやげ 尾道プリン レモンソース添え¥480
ビスコッティ チョコレート&アーモンド
¥450

☎ 0848-23-5082
尾道市東御所町3-1
11：00 ～ 17：00（売り切れ次第閉店）
休 月曜

❻ 茶房こもん

オススメ

自家製バニラアイスクリームワッフル¥770
木いちごとクリームチーズのアイスクリーム
ワッフル¥880

☎ 0848-37-2905
尾道市長江1-2-2
月・水～金曜10：30 ～ 17：30（LO17：00）
土日祝10：00 ～ 18：00（LO17：30）
休 火曜

❼ お好み 越智

オススメ

お好みうどん肉玉入り¥650
お好み肉玉イカもち入り
（うどんorそば） ¥850

☎ 0845-22-0932
尾道市因島土生町1902
11：00 ～ 17：00
（LO16：30）
休 木曜

❽ 尾道ラーメン専門店
丸ぼし

オススメ

尾道ラーメン¥800
超！煮干しラーメン¥930

☎ 0848-24-5454
尾道市土堂2-8-16
10：30 ～ 20：10
（売切れ次第終了）
休 水曜

❾ 北前亭

オススメ

おみやげ 味付ちりめん¥432 ～
佃煮・各種¥378 ～

0120-037-550
尾道市土堂2-8-13
10：00 ～ 18：00
休 水曜

❿ 尾道ラーメン 牛ちゃん
尾道店

オススメ

チャーハンセット¥1,100
ミニ焼肉丼セット¥1,100

☎ 0848-22-9696
尾道市土堂2-8-6
11：00 ～ 22：00
（LO21：30）
休 月曜（祝日の場合は翌日休業）

⓫ 浄土寺

聖徳太子が創建したと伝えられている由緒あるお寺です。「本堂」「多宝塔」は国宝で、「山門」「阿弥陀堂」は国の重要文化財です

⑫ 白滝山展望台 📷

山頂の展望台からは360度、因島大橋や瀬戸内の大パノラマを楽しめます

⑬ からさわ

オススメ
🍴 おみやげ アイスモナカ¥180
クリームぜんざい¥400

☎ 0848-23-6804
📍 尾道市土堂1-15-19
🕘 10：00～17：00 ＊季節で変更あり
㊡ 火曜（10～3月は火曜・第2水曜）
＊祝日の場合は営業、翌日休業

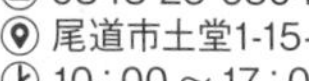

⑭ かねよし

オススメ
🍴 あなご飯定食¥1,680
かねよし定食¥2,800

☎ 0845-27-0405
📍 尾道市瀬戸田町沢209-27
🕘 11：30～14：00／18：00～20：00
月・火曜11：30～14：00
㊡ 水曜

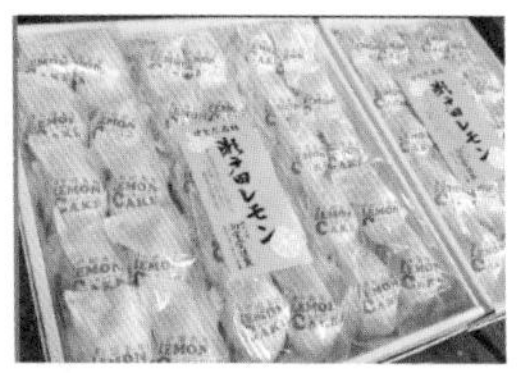

⑮ 向栄堂

オススメ
おみやげ レモンケーキ（1ヶ）¥190
ロールカステラ
（1本）¥1,250（カット）¥190

☎ 0845-27-0134
📍 尾道市瀬戸田町瀬戸田229
🕘 7：00～18：00
㊡ 木曜

⑯ 尾道ラーメン たに

オススメ
🍴 尾道ラーメン¥770
日替定食¥990

☎ 0848-23-7800
📍 尾道市東御所町1-7
🕘 11：00～21：00
（LO20：50）
㊡ 木曜

⑰ 尾道の路地 📷

三原市・竹原市

佛通寺

buttsuji

❶ 佛通寺〔三原市〕

紅葉の季節には、黄色や朱色、赤色などさまざまな色彩で美しく彩られ、見事な景色が広がります

❷ 三景園〔三原市〕

広島空港近くにある回遊式庭園です。四季折々の花々や紅葉を楽しむことができます

❸ 瀑雪の滝（ばくせつのたき）〔三原市〕

滝壺では、水煙が立ち込め、涼風を運ぶ美しい景観が広がります

［佛通寺］

入口の木製の橋、「巨蟒橋（きょもうきょう）」を渡ると、山門、法堂、本堂、庫裡などの建物があります。境内には枯山水の庭園があり、その美しい砂紋が訪れる人々に静寂と安らぎをもたらします

Access

三原市高坂町許山22

JR三原駅から佛通寺行きバスで約40分
三原久井ICから車で約20分
本郷ICから車で約30分

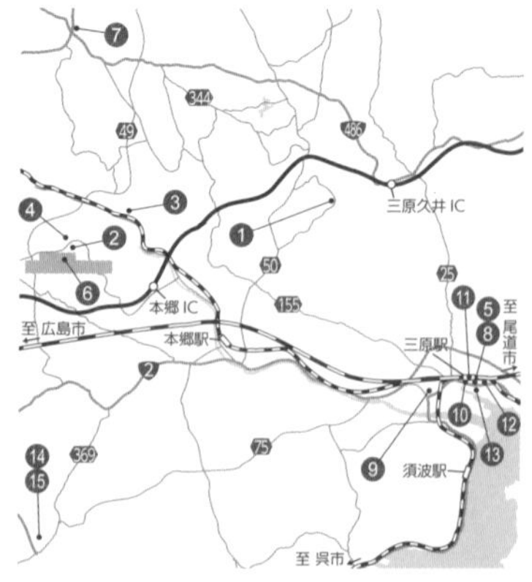

❹ 八天堂本店

オススメ
おみやげ くりーむパン1個¥320 〜
バームクーヘン¥1,490

☎ 0848-86-8622
三原市本郷町善入寺用倉山10064-190
平日10：00 〜 16：00
土日祝10：00 〜 17：00
休 水曜、他

❺ おはぎのこだま

オススメ
おみやげ タコ天（1本）¥900
おはぎ（2個入）¥360

☎ 0848-63-4275
三原市城町1-6-1
7：00 〜 18：00
休 月曜（祝日の場合は火曜休業することも）

❻ 尾道・広島ラーメン 麺屋雄

オススメ
広島ラーメン¥830
尾道ラーメン¥830

☎ 0848-86-8788
三原市本郷町善入寺64-31
広島国際空港3F フードコート
10：00 〜 20：00
休 なし

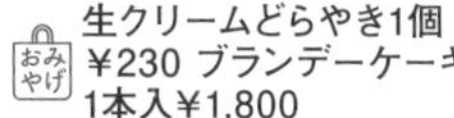

❼ エトワール大池

オススメ
おみやげ 生クリームどらやき1個¥230 ブランデーケーキ1本入¥1,800

☎ 0847-34-0301
三原市大和町和木1530-1
8：00 〜 18：30
休 日曜

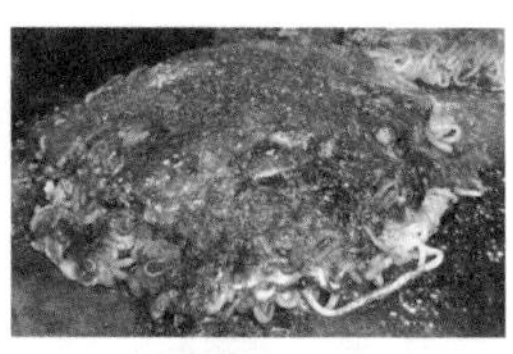

❽ お好み焼 てっちゃん

オススメ
てっちゃんモダン¥1,100（そば、肉、イカ、エビ、玉子）三原焼¥850（そば、鳥モツ、玉子）

☎ 0848-63-9073
三原市城町1-5-25
11：00 〜 19：30
休 木曜、第3水曜

❾ 鶏肉惣菜とくや

オススメ
おみやげ とくやの鶏めし1パック¥340
ふんわり鶏天3本入¥420

☎ 0848-29-6055
三原市皆実1-24-7
金・土曜のみ10：00 〜 18：00頃まで
休 日〜木曜

❿ お食事処 蔵

オススメ
タコ ミニやっさ定食¥2,500
タコしゃぶ1人前¥1,300 ＊2人前から

☎ 0848-64-3200
三原市港町1-4-14
11：30 〜 13：30（LO13：00）
18：00 〜 22：00（LO21：00）
休 日曜

⑪ 三原観光協会

オススメ

おみやげ 三原だるま¥700
タコだるま¥880

☎ 0848-67-5877
三原市城町1-1-1（うきしろロビー観光案内所）
9：00 ～ 18：00
休 12/29 ～ 1/3

⑫ ウオトシ

オススメ

日替わり定食（カレイの南蛮漬け定食）¥1,320
にぎり御膳¥2,800

☎ 0848-64-4984
三原市城町2-3-9
11：00 ～ 14：00 ／ 18：00 ～ 22：00
休 水曜

⑬ 和食処 登喜将

オススメ

たこ彩りコース¥4,100
たこ釜めし¥1,430

☎ 0848-62-7393
三原市城町3-2-7
11：30 ～ 13：30 ／ 17：00 ～ 21：30
休 第1・3・5火曜、水曜

⑭ たけはら町並み保存地区〔竹原市〕

「安芸の小京都」と呼ばれる竹原。塩田と町人文化の隆盛が生んだ重厚な家々は、今日まで往時の姿を伝えています

⑮ たけはら憧憬の路
～町並み竹灯り〔竹原市〕

町並み保存地区で秋に開催されるイベントでは、竹の中にキャンドルを灯して町並みを美しくライトアップします

広島市

広島でなに食べよう

hiroshimadenanitabeyo

瀬戸内の新鮮な海の幸、生産量国内トップの「牡蠣」、キャベツの甘みとソースの香りが食欲をそそる「お好み焼き」、懐かしい味わいの醤油豚骨スープ「広島ラーメン」など……。
そして、中四国随一の歓楽街と呼ばれる流川のネオンに誘われます

中区

十日市町
平和公園
本通
八丁堀
市役所前
江波
❶ ❷ ❸ ❹ ❺ ❻ ❼

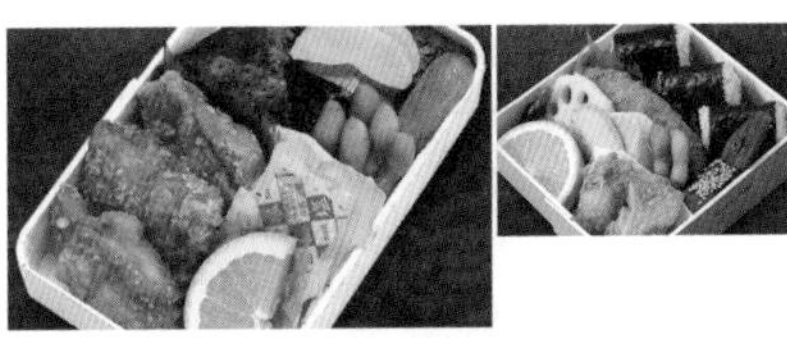

❶ むすびのむさし 土橋店 いろりや

オススメ
若鶏むすび¥1,100
安芸むすび¥1,100

☎ 082-291-6340
中区榎町10-23
1階11：00 ～ 20：00（LO19：30）
2階 平日17：00 ～ 21：00
土日祝11：00 ～ 21：00（LO20：00）
㊡ 水曜

❷ 中華そば 陽気

オススメ
中華そば¥750
むすび¥110

☎ 082-231-5625 中区江波南3-4-1
月～金曜11：30～13：30／18：00～23：00
土日祝16：30 ～ 23：00
㊡ 毎月1・12・13・26日

❸ 串道楽 楽車

オススメ
広島を中心に全国の地酒・焼酎¥550 ～
いろんな種類の串焼¥165 ～

☎ 082-249-6880
中区胡町4-7 河野ビル2F
17：00 ～翌2：00（LO翌1：30）
㊡ 日曜

❹ 八誠

オススメ
そば肉玉¥800
コウネ¥800

☎ 082-242-8123
中区富士見町4-17
11：30～14：00（LO13：20）
17：30～23：00（LO22：00）
＊日祝は夜のみ営業
㊡ 月曜

❺ 魚寅

オススメ
おまかせ握り¥660
刺盛り5種¥880

☎ 082-244-2377
中区袋町5-4 安部ビル1F
17：00～24：00
㊡ 日曜

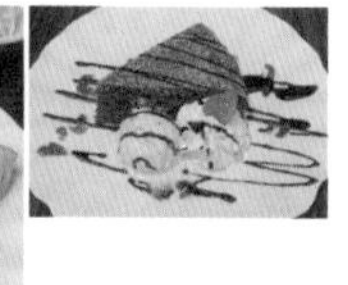

❻ ブルーマウンテン

オススメ
オムライス ハンバーグトッピング¥1,400
チョコレートケーキセット（アイスクリーム・ドリンク付）¥1,000

☎ 082-247-5764
中区本通3-17
8：00～17：00
㊡ 火曜

❼ 茶寮 泉屋 大手町店

オススメ
かしわ餅セット¥693
ひろしま平和団子セット¥876

☎ 082-909-9141
中区大手町1-5-18 IBAビル1F
11：00～18：00
㊡ 水曜

南区、東区

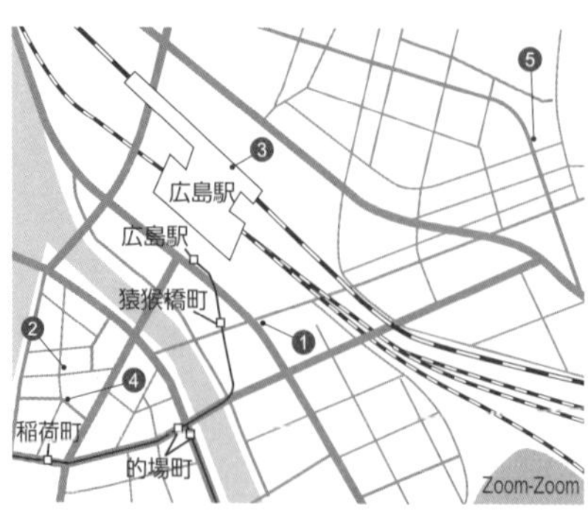

❶ 練りもの専門店 ネッテ

オススメ
おみやげ
カリカリがんすボール¥216
ちぎり天¥216

☎ 050-8886-4602
南区猿猴橋町6-22
11：00～18：00 ＊売り切れ次第終了
㊡ 日・月曜、工場休業日

❷ 鉄板居酒屋かんてつ 京橋店

オススメ
雲丹ほうれん¥1,780
穴子の炙り刺¥950

☎ 082-261-6676
📍 南区京橋町7-14 NKビル102
🕒 17：30 ～ 24：00
㊡ 日曜

❸ うすい中華

オススメ
おみやげ 麺匠雅井 広島中華そば ¥715

主な販売所
広島駅ekieおみやげ街道
アバンセ古江店

❹ 元祖広島まぜ麺 一平や

オススメ
元祖広島まぜ麺唐辛子¥850
豆乳まぜ麺（冷）¥850

☎ 082-263-0046
📍 南区京橋町10-14 坪田ビル1F
🕒 月～金曜11：30 ～ 14：00（LO）／18：00 ～ 21：00（LO）、土曜11：30 ～ 14：20（LO）
＊麺が売り切れ次第終了　㊡ 日祝

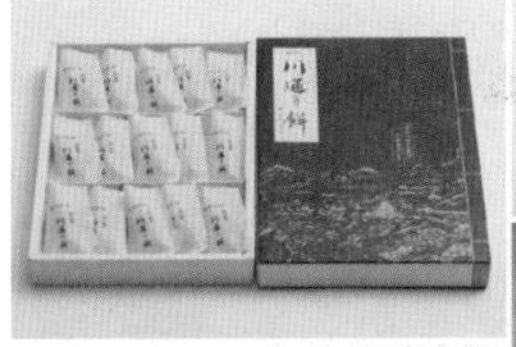

❺ 御菓子処 亀屋

オススメ
おみやげ 川通り餅15ヶ入り¥850
川通り餅 小箱¥460

☎ 082-261-4141
📍 東区光町1-1-13
🕒 9：00 ～ 17：00
㊡ 1/1 ～ 1/3

西区

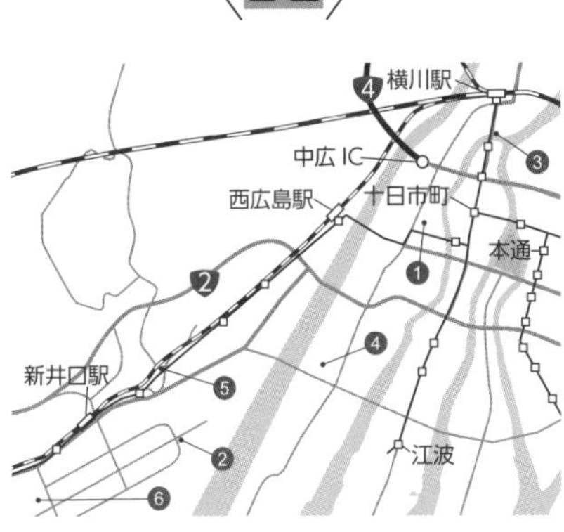

❶ かしはら

オススメ
おみやげ はっさく大福¥194
広島餅れもん¥194

☎ 082-208-2236
📍 西区天満町13-20
🕒 8：00 ～ 18：00
㊡ 月曜

❷ すし遊館あさひ LECT店

オススメ
おもてなし席：平日ランチメニュー
「花音（かのん）」¥2,530
土日祝おまかせコース：あさひ¥3,480
あかつき¥3,980

☎ 082-961-6668
西区扇2-1-45（LECT 2F）
月〜金曜11：00 〜 15：30（OS15：15）
17：00 〜 21：00（OS20：45）
土日祝11：00 〜 21：00（OS20：45）
＊お盆、年末年始、GWなど時間変更する場合があります
＊おもてなし席11：00 〜 15：00、17：00 〜 21：00（入店は20：00まで／予約可）
㊡ なし

❸ 尾道ラーメン 味億 横川本店

オススメ
ラーメン¥850
ネギラーメン¥1,060

☎ 082-294-0432
西区横川町1-5-18
11：00 〜 15：00
㊡ 月・木・金曜

❹ 珈琲の館 城門

オススメ
コーヒー各種¥450 〜 シェスタセット（サンドイッチ、サラダ、コーヒー） ¥800

☎ 082-293-7312
西区南観音6-11-12
8：00 〜 18：00
㊡ 日祝

❺ 坂井屋

オススメ
おみやげ
がんす1枚¥105 ＊午前中のみ揚げたてあり
あなご蒲鉾1本¥1,200

☎ 082-271-3304
西区草津本町6-3
9：00 〜 18：00
㊡ 水曜、日祝

❻ 平安堂梅坪 本社

オススメ
おみやげ 瀬戸ほっぺ（5ヶ入）¥1,080
広島銘菓 吾作饅頭（5ヶ入）¥1,134

0120-853-917
西区商工センター7-1-19
8：00～11：30／12：30～16：00
休 日曜、1/1～1/2

佐伯区

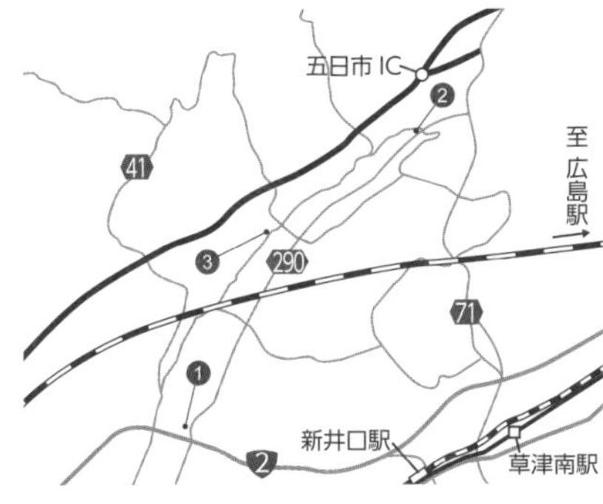

❶ 赤麺 梵天丸 五日市本店

オススメ
特製汁なし担担麺 並¥1,000
梵天麺（汁あり担担麺）¥900

082-208-5366
佐伯区五日市中央7-5-11
月～水、金曜10：00～15：00／17：30～21：30、木曜10：00～15：00
土日祝10：00～15：30／17：30～21：30
休 木曜夜

❷ グリュックスシュバイン（Glücksschwein）

オススメ
おみやげ ベーコン¥1,315
ピッツァヴルスト¥720

082-942-0860
佐伯区五日市町大字石内5842-2
10：00～17：30
休 火・水曜

❸ 海鮮食場 さわはら

オススメ
うなぎ丼¥2,300
地アサリの酒蒸し¥1,100

082-928-4486
佐伯区五日市町大字石内900
11：00～14：00／17：00～22：00
日祝17：00～21：00
休 水曜

呉市・江田島市

大和ミュージアム

yamato-museum

❶ 大和ミュージアム 10 分の 1 戦艦「大和」〔呉市〕

設計図や写真、潜水調査で得られた水中映像などをもとに、可能な限り詳細に再現されています

❷ 海上自衛隊呉史料館 てつのくじら館〔呉市〕

日本で唯一、実物の潜水艦「あきしお」が展示されている貴重な施設です。潜水艦の活動や機雷掃海などを学ぶことができます

[呉市海事歴史科学館 大和ミュージアム]

戦前は東洋一の軍港、日本一の海軍工廠の街として栄えた呉市。戦艦「大和」を建造した呉の造船技術を今に伝える施設です。大和ミュージアムのシンボルである10分の1戦艦「大和」（全長26.3メートル）や零式艦上戦闘機、特殊潜航艇などが展示されています。特に戦艦「大和」の迫力は圧巻です

Access

呉市宝町5-20

呉ICから車で約5分
JR呉駅から徒歩で約5分

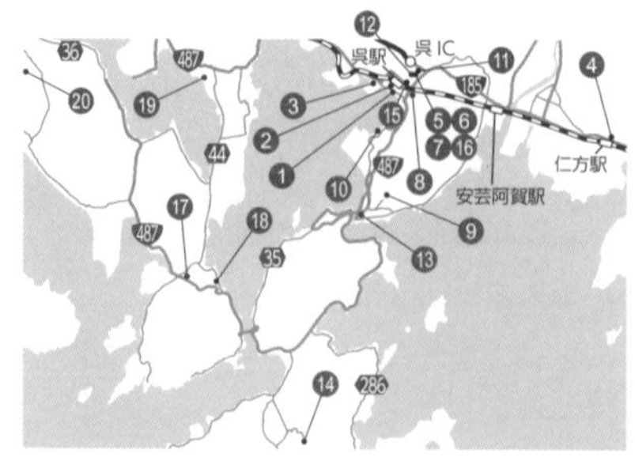

❸ クレイトンベイホテル 日本料理 呉濤

オススメ
呉連合艦隊御膳￥3,630
おとな女子御膳￥3,190

☎ 0823-26-0005 ◎ 呉市築地町3-3 2F
◷ 11:30～14:30(LO14:00)／17:30～21:00 (LO20:30) ＊土日祝17:00～
㊡ なし

❹ 御菓子処 本田

オススメ
おみやげ カステラ￥1,500～
柿しぐれ￥280

☎ 0823-79-6434
◎ 呉市仁方本町2-3-15
◷ 月～土曜7:00～18:00
日曜7:00～17:00
㊡ 不定休

❺ 南州ラーメン

オススメ
南州ラーメン￥980
ピリ辛ラーメン￥900

☎ 0823-25-5008
◎ 呉市中通3-6-7
◷ 11:00～15:50
18:00～20:50
㊡ 水曜

❻ 蜜屋本舗

オススメ
おみやげ 蜜饅頭1個￥168～
乙女のひととき1個￥270～

☎ 0823-21-3255
◎ 呉市中通3-5-10
◷ 9:00～18:00
㊡ 火曜

❼ 天武蔵

オススメ
ひれかつ定食￥1,920 盛合せ定食(一口カツ、中えび、コロッケ、みんちかつ)￥1,580

☎ 0823-24-0634
◎ 呉市中通3-5-7
◷ 11:00～14:00(LO13:30)
17:00～20:00(LO19:30)
㊡ 月・火曜

❽ 旧呉鎮守府司令長官官舎（入船山記念館）〔呉市〕

旧呉海軍鎮守府のトップである司令長官の官舎であり、内部も見学できます。洋館内では「金唐紙」という高級な壁紙が随所に使用されています

❾ 高烏台（たかがらすだい）展望台〔呉市〕

音戸の瀬戸公園の最も高い場所にあり、展望台からは瀬戸内海や呉方面も一望できます

⑩ アレイからすこじま〔呉市〕📷

国内で唯一、潜水艦を間近に見ることのできる公園。海上自衛隊の潜水艦や護衛艦が停泊しています

⑪ 味問屋 せとみ

オススメ
季節のお造り盛り合せ（2人前）¥3,850
天然鯛と広島菜土鍋ごはん（1人前）¥1,430
＊2人前からの注文になります

☎ 0823-22-4915
呉市中通4-10-2
17：00 ～ 23：00（LO22：30）
＊ランチは前日までのご予約のみ営業
㊡ 不定休（月2回休み）

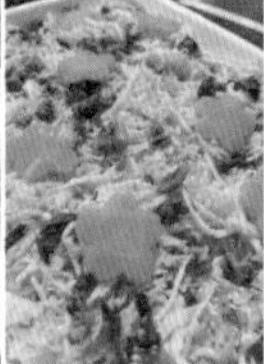
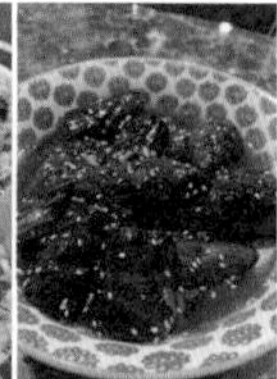

⑫ おうちごはん Sakura-co'

オススメ
日替わりおばんざい¥400 ～
デュワーズ樽詰ハイボール¥600

☎ 090-9412-1550
呉市中通3-1-28オリエンタルビル2F
17：00 ～ 23：00
㊡ 水・木曜、たまに不定休あり

⑬ 音戸の瀬戸公園〔呉市〕📷

らせん状になった音戸大橋の駐車場周辺が公園になっており、桜やツツジの季節には多くの人で賑わいます

⑭ 火山（ひやま）〔呉市〕📷

頂上には展望岩があり、ここからの眺めは雄大です。瀬戸内海と島々のパノラマが広がっています

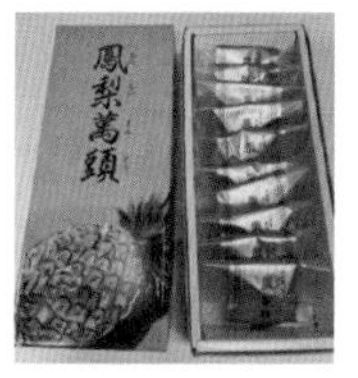

⑮ 天明堂

オススメ
おみやげ 鳳梨萬頭（おいらいまんとう）¥151
檸檬（れもん）¥151

☎ 0823-25-2439
📍 呉市中通1-1-24
🕘 9：00～18：30
休 日曜

⑯ 焼肉 加瀬多

オススメ
ヒレ¥2,200
カルビ¥1,650

☎ 0823-21-8953
📍 呉市本通4-1-17
🕘 17：00～21：00
休 火曜

⑰ きまぐれ亭

オススメ
海自カレー（キーマカレー）¥800
＊金・土曜限定
うどん定食¥780

☎ 0823-57-5711
📍 江田島市大柿町大原1086-3
🕘 11：00～14：30
休 日祝

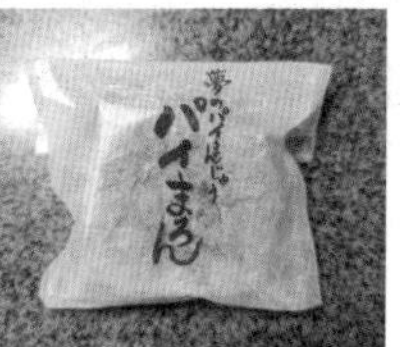

⑱ 御菓子司 岡林花月堂

オススメ
おみやげ イタリアンロール¥1,500
パイまろん¥220

☎ 0823-57-2115
📍 江田島市大柿町大君84-1
🕘 9：00～16：00
＊売り切れ次第、閉店の場合あり
休 日曜

⑲ 海上自衛隊第１術科学校［江田島市］

旧海軍兵学校の跡地で、現在は幹部候補生の教育訓練機関である海上自衛隊第1術科学校です。大講堂や幹部候補生学校庁舎（旧海軍兵学校生徒館）などの歴史ある建造物を見学することができます

⑳ 砲台山（三高山砲台跡）［江田島市］

江田島の先端から山に登っていく道路の頂上付近には「創造の森森林公園」という公園があり、明治時代の砲台跡が残っています

呉市・東広島市

安芸灘とびしま海道

akinadatobishimakaido

❶ 仏ヶ崎展望台〔呉市〕　呉市・上蒲刈島にある展望スポットで島々を一望できます

❷ 海駅三之関

オススメ

おみやげ じゃこ天1枚¥200
しそジュース¥450 (300ml) ¥800 (600ml)

☎ 0823-70-8282
呉市下蒲刈町下島2358-1
じゃこ天販売は土日祝のみ
＊揚げたては9：30 ～ 16：00
休 火・水曜

❸ 海浪満

オススメ

海鮮丼セット¥1,400
白身魚のフライセット¥1,100

☎ 080-2348-5263
呉市蒲刈町下島2361-7
11：15 ～ 14：00 (LO13：30)
休 火曜、第3日・月曜

[安芸灘とびしま海道]

呉市の南東に位置する下蒲刈島から愛媛県今治市の岡村島を7つの橋で結ぶ「安芸灘とびしま海道」。朝鮮通信使や参勤交代大名の寄港地として栄えた下蒲刈島の「三之瀬地区」、大崎下島の「御手洗地区」はおすすめです

Access

安芸灘大橋：呉市川尻町―下蒲刈町

JR安芸川尻駅からバスで約10分
呉ICから車で約30分

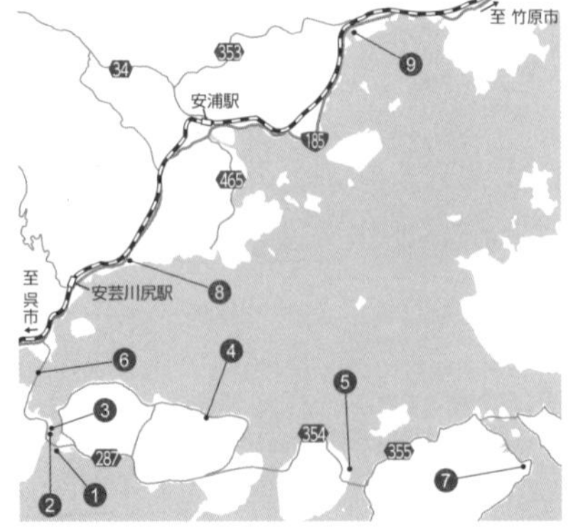

❹ かつら亭 蒲刈本店

オススメ
刺身定食¥1,760
漁師丼¥1,760

☎ 0823-66-0114
📍 呉市蒲刈町宮盛2032-1
🕒 11：00 ～ LO14：00 ／ 17：00 ～ LO21：00
㊡ 火曜

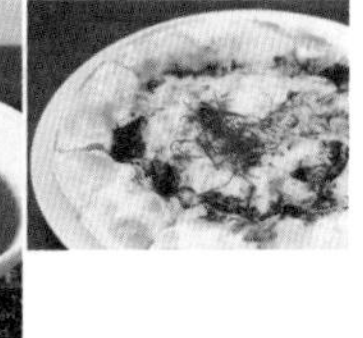

❺ しま cafe きたたに

オススメ
しまcafeきたたに牛すじカレー¥800
ひじきピザ¥900

☎ 0823-68-2003
📍 呉市豊浜町大字豊島3554-4
🕒 7：00 ～ 19：00
㊡ 不定休

❻ 安芸灘大橋［呉市］

都道府県道に架かる橋の中では国内最大の吊橋です
＊本州四国連絡橋群は除く

❼ 御手洗の街並み［呉市］

現在でも明治、大正、昭和時代の建物が残っており、その町並みはまるでタイムスリップしたかのような雰囲気を漂わせています

❽ ドライブイン桃

オススメ
桃定食¥2,000
ラーメン¥700

☎ 0823-87-2627
📍 呉市川尻町水落1023-2
🕒 9：00 ～ 19：00
㊡ 水曜

❾ かき小屋 龍明丸

オススメ
シェル生牡蠣（2ヶ）¥495
かき飯¥495

☎ 080-1925-6597
📍 東広島市安芸津町風早3245-33
🕒 土日10：00 ～ 16：00
㊡ 月～金曜

廿日市市

阿品東駅の朝焼け

ajinahigashieki no asayake

❶ 阿品東駅に接する歩道橋からの景色（広電宮島口駅から2駅目）

❷ 藤本仕出し鮮魚店（ふじ寿司）

オススメ

あなごめし¥1,700
さかな屋ぷりん¥280

☎ 0829-36-1389 　所在地 廿日市市地御前3-11-7
営業時間 寿司（持ち帰りのみ）11：00 ～ 鮮魚10：00 ～ 会席料理12：00 ～／ 18：00 ～ 　休 水曜

❸ 吹きガラス工房 Fuji321

オススメ

水球の一輪挿し¥3,300
台付モールグラス¥3,850

☎ 090-3790-7065
所在地 廿日市市原83-80
営業時間 休 事前問合せのうえ要確認

［阿品東駅］

瀬戸内海のそばにある「阿品東駅」。駅につながる歩道橋からは、海一面に島々が連なる景色が広がります。対岸には宮島の寝観音、朝焼けや海に浮かぶ牡蠣ひびを同時に眺めることができ、賑やかな観光地とは違う特別な広島を味わえます

Access

廿日市市阿品1-9

広電宮島線「阿品東」下車すぐ

❹ みやじまガラス工房 Fizz Glass

オススメ

おみやげ シカ角ピアス（イヤリング） ¥2,800
[製作体験] ミニサンキャッチャー（体験時間30分） ¥2,700

☎ 080-6304-2397
📍 廿日市市宮島町557-1
🕒 10：00 ～ 17：00
㊡ 不定休

❺ おきな堂

オススメ

おみやげ もみじ饅頭チーズ¥150
〃　夏季限定 小夏もみじ¥200

☎ 0829-56-0007
📍 廿日市市宮島口1-10-7
🕒 10：00 ～ 17：30
㊡ 通常木曜（火曜休もあり）

❻ あづま鮨

オススメ

🍴 特上にぎり¥3,500
サザエのつぼ焼き（2ヶ） ¥2,400

☎ 0829-32-4652
📍 廿日市市串戸4-15-12
🕒 11：30～13：30／17：30～22：00（LO21：30）
㊡ 火・水曜

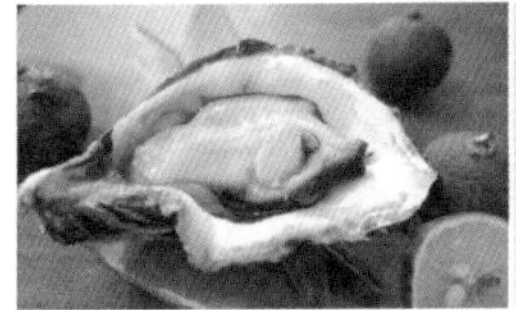

❼ 讃美牡蠣

オススメ

おみやげ 冷凍こだわりの大粒牡蠣むき身1kg¥3,980
冷凍まるで生牡蠣 殻付きハーフシェル5個入り ¥1,870 ＊価格変更の場合あり

☎ 0829-30-7610
📍 廿日市市宮島口1-11-1 フェリーターミナルはつこいマーケット
🕒 月～金曜10：00～18：00、土日10：00～19：00
㊡ 年中無休

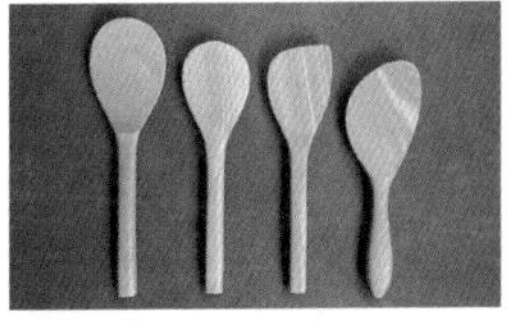

❽ 宮島工芸製作所

オススメ

おみやげ 丸柄ナナメ杓子¥1,320
調理ベラ各種¥1,100

☎ 0829-44-0330
📍 廿日市市宮島町魚之棚町617
🕒 8：00 ～ 17：00
㊡ 日曜

❾ 宮島帆布

オススメ

おみやげ MINIトート¥3,800
キーリング¥800

☎ 0829-44-0788
📍 廿日市市宮島町久保町290
🕒 10：00 ～ 18：00
㊡ 不定休

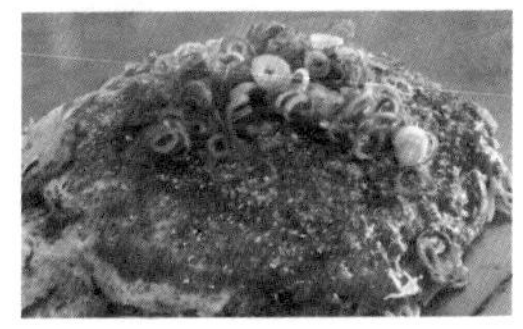

❿ お好み焼き屋 千富

オススメ

🍴 肉玉そば¥700
トッピング イカ天¥150
〃　チーズ¥200

☎ 0829-36-3568
📍 廿日市市地御前1-16-8
🕒 11：00 ～ 14：00
17：00 ～ 19：30
㊡ 月曜（祝日の場合は翌日休業）

安芸太田町・北広島町・安芸高田市

三段峡

sandankyo

❶ 三段峡〔安芸太田町〕 水が激しく流れる音や心地よい清々しい空気を楽しむことができます

❷ 温井ダム〔安芸太田町〕

アーチ式ダムとしては黒部ダムに次ぐ日本で２番目の高さ（156m）を誇ります。エレベーターを利用すると、見学トンネルからダムの内部が見学できます

［三段峡］

西日本有数の「峡谷の美」が楽しめる、全長約16kmに及ぶ西中国山地国定公園内にある大峡谷。峡谷内には「黒淵」「猿飛」「二段滝」「三段滝」など見所がたくさんあります。渡舟に乗って絶景を眺めることもできます

Access

山県郡安芸太田町

戸河内ICから車で約15分
広島バスセンターからバスで約1時間15分

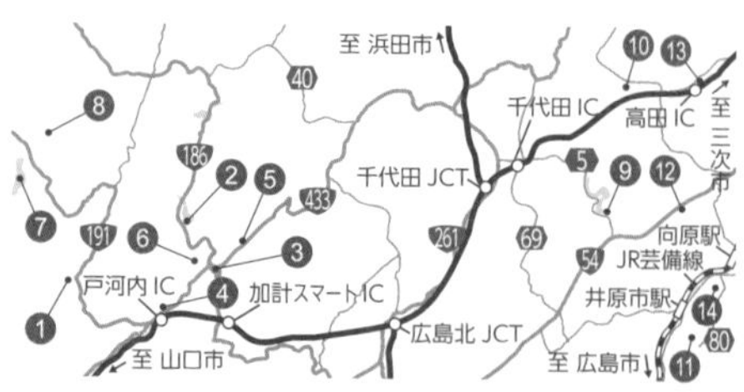

③ 鯛焼屋 よしお

オススメ
おみやげ たい焼き1個¥190
たこ焼き1パック（6個入り） ¥450

☎ 0826-22-0571
山県郡安芸太田町加計3494-9
9：00～18：00（LO17：30）
休 水曜（祝日の場合は翌日休業）

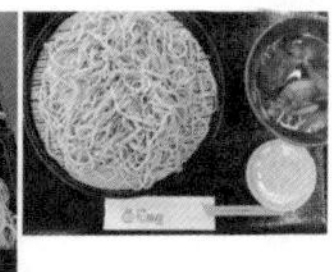

④ そば処 松蕎庵

オススメ
そば御膳¥1,500
つけ鴨せいろ¥1,700

☎ 080-9502-8245
山県郡安芸太田町上殿2112
11：00～15：00（LO14：30）
＊蕎麦がなくなり次第終了
休 水・木曜

⑤ Bolero

オススメ
トマトソースパスタ¥1,300
ようろあまごのコンフィ¥1,200

☎ 0826-22-6565
山県郡安芸太田町加計2060-1
10：00～19：00
休 月・火曜

⑥ 深山峡［安芸太田町］

深山川の清流に刻まれた渓谷で、植物の種類が多いのも魅力です。新緑や秋の紅葉など、季節によって変わる景色を楽しむことができます

⑦ 聖湖［北広島町］

周囲27kmの澄みきった湖面に静かに浮ぶ大小7つの島。初秋になると野山の紅葉が湖面に映り、臥竜山を背景とする美しさが広がります

⑧ 八幡高原［北広島町］

八幡高原は広島県北西部に位置し、臥竜山の麓に広がる標高約800mの盆地です。高原内には赤そば畑や食堂を併設した「芸北 高原の自然館」や、「カキツバタの里」などの見どころがあります

❾ 土師ダム〔安芸高田市〕

西日本有数の桜の名所で、春になると湖畔には約3,000本もの桜が咲き誇り、ライトアップも行われます

❿ うどん・そば 権兵衛

オススメ
夜叉うどんレギュラー¥880
牛すじ煮込み¥600

☎ 0826-54-0888
安芸高田市美土里町本郷4627
11：00 ～ 21：00（LO20：30）＊夜神楽開催日のみ11：00 ～ 22：00（LO21：30）
㊡ 第3水曜・翌木曜

⓫ 神乃倉山公園〔安芸高田市〕

冬は雲海が見られ、春から夏にかけては桜やツツジ、フジの花が咲き乱れる絶景の公園です。特に、100本もの花房が垂れ下がるフジの棚は圧巻です

⓬ 美味しくて、懺悔。

オススメ
おみやげ
玉子サンド¥450
美味しくて懺悔¥918

☎ 0826-43-2720
安芸高田市吉田町山手1059
10：00 ～ 15：00
㊡ 年末年始

⓭ ながいきラーメン食堂

オススメ
まぜ麺¥700
醤油ラーメン¥600

☎ 0826-57-1657
安芸高田市美土里町横田331-1 道の駅 北の関宿安芸高田内
11：00～17：00（LO16：45）
㊡ 年末年始

⓮ 和高醸造

オススメ
おみやげ
うまい！米味噌¥432
甘酒『ほんまもん』¥313

主な取扱店
ひろしま夢ぷらざ（広島市）
向原農村交流館やすらぎ（安芸高田市向原町）
道の駅 三矢の里あきたかた（安芸高田市吉田町）

郵　便　は　が　き

料金受取人払郵便

広島中央局
承　認

4068

差出有効期間
2026年7月
2日まで

期間後は
切手を
お貼り下さい

7 3 2-8 7 9 0

644

広島市東区山根町27-2

南々社

「いまから旅イコ
［中国地方・九州北部 編］」編集部 行

□□□-□□□□	ご住所			
				男　女
ふりがな お名前		Eメール アドレス		
お電話 番　号	（　　　　）　　　—	年齢	歳	
ご職業	1. 会社員　2. 管理職·会社役員　3. 公務員·団体職員　4. 自営業　5. 主婦 6. シルバー世代　7. 自由業　8. 学生　9. その他（　　　　　　）			
今回お買い上げの書店名 市区 町村　　　　　　書店				

このたびは、南々社の本をお買い上げいただき、誠にありがとうございました。今後の出版企画の参考にいたしますので、下記のアンケートにお答えください。ご協力よろしくお願いします。

書　名	いまから旅イコ［中国地方・九州北部 編］

Ⅰ．この本を何でお知りになりましたか。

1．新聞記事（新聞名　　　　）　2．新聞広告（新聞名　　　　）
3．テレビ・ラジオ（番組名　　　　）　4．書店の店頭で見つけて
5．インターネット（サイト名　　　　）
6．人から聞いて　7．その他（　　　　）

Ⅱ．本書についてご感想をお聞かせください。

Ⅲ．最近お読みになって面白かった本をお書きください。

Ⅳ．今後、お読みになりたい企画がありましたら教えてください。

南々社Instagram

NANNANSYA_BOOK

ご提供いただいた情報は、個人情報を含まない統計的な資料を作成するために利用いたします。

庄原市・三次市・神石高原町

国営備北丘陵公園

kokueibihokukyuryokoen

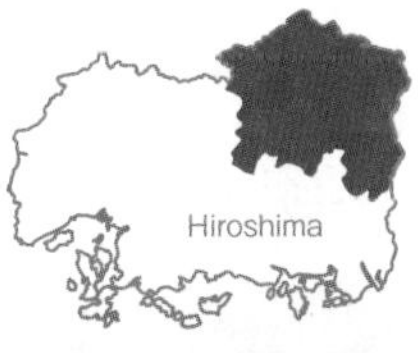

❶ 国営備北丘陵公園［庄原市］ ウインターイルミネーション

スイセン（みのりの里）

チューリップ（花の広場）

コスモス（花の広場）

［国営備北丘陵公園］
見渡す限りの一面に広がる花畑や野山で見られる草花、県内でも貴重な花など、四季を通して自然を満喫できます。冬のウインターイルミネーションも有名です
（写真提供：国営備北丘陵公園）

Access

庄原市三日市町4-10

庄原ICから北入口まで車で約5分
中入口まで約10分
JR七塚駅から中入口まで徒歩で約20分

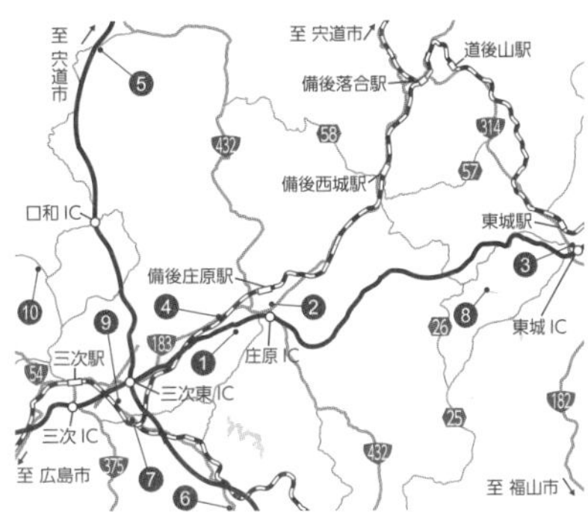

❷ ドライブインミッキー

オススメ
牛乳みそホルモンちゃんぽん¥1,190
広島牛サーロインステーキ定食¥3,800

☎ 0824-72-0649
庄原市新庄町491-1
11：00 ～ 15：30（LO15：00）
17：00 ～ 20：00（LO19：30）
㊡ 不定休

❸ 道の駅 遊 YOU さろん東城

オススメ
比婆牛丼¥2,300
おみやげ 雄橋16個入り¥1,769

☎ 08477-2-4444
庄原市東城町川東877
9：00 ～ 18：00（水曜9：00 ～ 17：00）
㊡ 1/1　[お食事処]水曜（祝日の場合は翌日休業）

＊天ぷらは季節によってメニューが変わります

❹ そば処 みのり

オススメ
もりそば¥920（二八）¥1,140（十割）
並天もりそば¥2,200（二八）¥2,420（十割）

☎ 0824-74-1128
＊予約は一切受け付けておりません
庄原市七塚町59-1
月・金曜11：00～14：30／17：00～20：00
火・木曜11：00～14：30、土日11：00～20：00
㊡ 水曜

❺ カフェレストランそらら

オススメ
ランチバイキング：
大人（中学生以上）¥1,680 小学生¥1,230
未就学児¥900、3歳以下¥無料

☎ 0824-86-3131
庄原市高野町下門田49 道の駅たかの
11：00 ～ 17：00
㊡ 第2・4水曜、年末年始

❻ ラーメン 104 華

オススメ
本格札幌味みそラーメン¥780
辛ネギ醤油ラーメン¥800

☎ 0824-43-4410
三次市吉舎町吉舎352-6
（吉舎ふるさとプラザ Xa104）
11：00 ～ 15：00
㊡ 火曜

❼ お好み焼き いまちゃん

オススメ
お好み焼（そば又はうどん入り）肉玉¥860
三次唐麺焼¥920

☎ 0824-66-3033　三次市塩町2130-7
月～金曜10：00～14：30／17：00～19：30
土日祝10：00 ～ 18：30
㊡ 水曜

帝釈峡遊覧船 神龍湖（下帝釈）の秋

写真協力：
庄原観光ナビ

雄橋

8 帝釈峡

［庄原市・神石高原町］

全長18kmに及ぶ長いトレッキングルートには、石灰岩の台地が浸食されてできた鍾乳洞や、巨大な岩の「雄橋（おんばし）」があります。神龍湖は大正時代に完成した人造湖です。春には新緑、秋には紅葉を湖上の遊覧船から眺めることができます

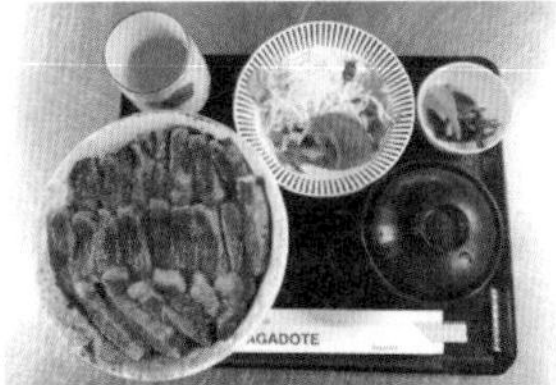

9 お食事処 ながどて

オススメ

ステーキ丼¥1,900
からあげ定食¥1,000

☎ 0824-63-6452
三次市南畑敷町859-4
水～土曜11：00～13：30／16：30～18：00
日曜11：00～14：00　休 月・火曜

10 加島ファーム 霧里ポーク直売所

オススメ

おみやげ **焼肉用 肩ロース300g¥907**
しゃぶしゃぶ用 背ロース300g¥940

☎ 0824-53-2530
三次市君田町石原406-3
14：00～17：00　休 月曜 ＊不定休あり

世羅町・府中市

世羅高原農場

serakogennojo

❶ 世羅高原農場 チューリップ〔世羅町〕

❷ そらの花畑 世羅高原花の森 イングリッシュローズ

❸ Flower village 花夢の里 ネモフィラ

❹ せらふじ園

[世羅高原農場]

全国でも最大級の規模を誇る世羅高原農場は、世羅町内に4つの花観光農園があります。春には桜とチューリップが咲き誇り、夏には約110万本のひまわりが黄色く彩ります。そして秋にはダリアやガーデンマムなど、四季折々の花々が畑を美しく彩り、その花々の風景はまさに絶景です

Access

世羅郡世羅町別迫1124-11

世羅ICから車で約15分
吉舎ICから車で約30分

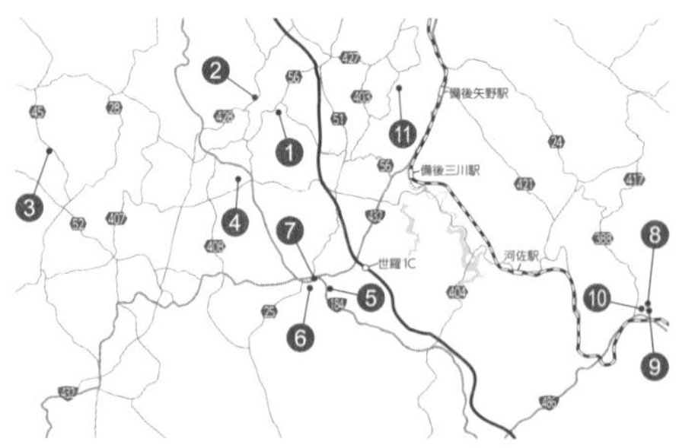

❺ 和菓子処 大手門

オススメ

おみやげ まごころづつみ¥1,650
せらぽてと¥260

☎ 0847-22-5143
世羅郡世羅町大字小世良577
8：00 ～ 18：00（元日のみ9：00 ～ 17：00）
休 年中無休

❻ 今高野山［世羅町］

弘仁13（822）年に弘法大師空海が開いた真言密教の霊場。神之池に架かる朱色の神之橋からは四季折々の風景を楽しむことができます

❼ レストラン タイニー

オススメ

花かご御膳¥1,500 世羅みのり牛のサーロインステーキ和セット（120g）¥2,350

☎ 0847-22-0322
世羅郡世羅町西上原483-3
11：00～15：00（LO14：30）
17：00～21：00（LO20：30）
休 木曜（祝日の場合は営業、振替あり）

❽ 備後府中焼き 一宮 府中店

オススメ

備後府中焼き（そば肉玉）¥800 備後府中焼き（牡蠣のせ）¥1,450

☎ 0847-54-2419
府中市府中町559-2
11：00 ～ 14：00
17：00～21：00（LO20：00）
休 木曜

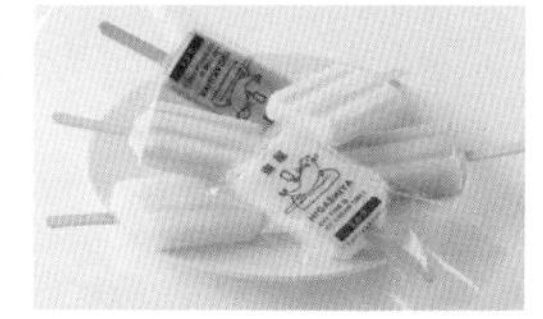

❾ 東屋アイスクリーム

オススメ

おみやげ アイスキャンディ（6種類）¥140 ～ ジェラート、アイスもなか¥240 ～

☎ 0847-41-4001
府中市府中町10-21
10：00 ～ 18：00
休 火曜

❿ Vulca CAFE

オススメ

おみやげ 甘酒ぷりん 恋のはじまり（バリエーションあり）¥350 ～ ベルギーワッフル(バリエーションあり) ¥550 ～

☎ 0847-44-6336　府中市府中町74-1
10：00 ～ 18：00
（金・土曜：バータイム20：00 ～ 23：30）
休 なし

⓫ 矢野温泉公園 四季の里［府中市］

矢野岩海のふもとにあり、豊かな自然の中で森林浴やアウトドアを満喫できます

good!
島田水産 かき小屋

島田水産 かき小屋

オススメ

牡蠣尽くし定食(焼き牡蠣・一盛、牡蠣飯、カキフライ、牡蠣汁、小鉢)
¥2,310
海鮮丼 ¥1,850

☎ 0829-30-6356
廿日市市宮島口西1-2-6
平日10:00～17:00(LO16:00)
土曜10:00～20:00(LO19:00)
日曜10:00～18:00(LO17:00)
㊡ 不定休
＊営業時間は状況により変更あり

焼き牡蠣食べ放題 ¥2,750
11月～GWまで(シーズンにより変動)

焼き牡蠣メニューには別途炭代が1テーブル¥550かかります。当店はセルフ式のバーベキュースタイルとなります

新鮮な牡蠣をその場で味わう

廿日市市宮島口西にある300年以上の歴史をもつ島田水産。毎日水揚げされる現場に牡蠣小屋があり、ぷりぷりの牡蠣の豊かな風味、甘さ、そして旨味を堪能できます

牡蠣尽くし定食

海鮮丼

YAMAGUCHI

山口

下関市
長門市
萩市
美祢市
宇部市
山口市
防府市
周防大島町
下松市
周南市
岩国市
柳井市
山陽小野田市

下関市

角島

tsunoshima

❶ 角島 📷 角島展望台から角島大橋を望む

角島灯台

オススメ

🍴 瓦そば¥1,430
うなめし¥2,530

☎ 083-772-2680
📍 下関市豊浦町大字川棚5437
🕒 11：00 ～ 20：00（LO19：30）
㉁ 1/1

❷ 元祖瓦そば たかせ

［角島］

角島は白い砂浜とコバルトブルーの海に囲まれた小さな島です。展望台からは島へつながる角島大橋が一望でき、絶景スポットになっています

Access

下関市豊北町角島

下関ICから車で約1時間10分
JR滝部駅から角島行きバスで約40分

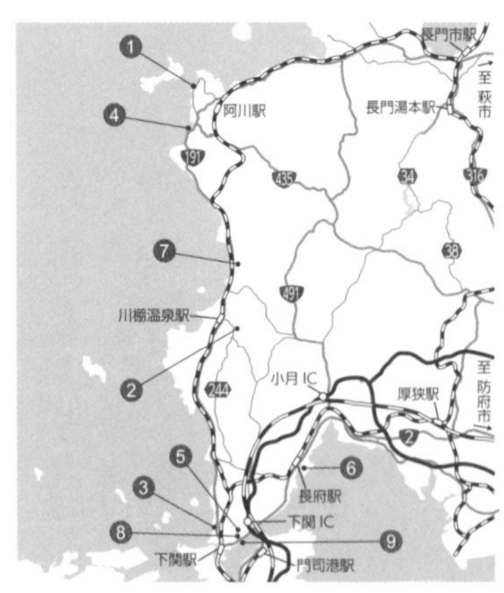

❸ ふぐ懐石 garden

オススメ
炙りふぐコース¥14,000
ガーデンコース¥16,000

☎ 083-227-4400
📍 下関市西大坪町4-23
🕒 11：00 ～ 15：00（4名より予約可）
17：00 ～ 22：00（2名より予約可）
休 火・水曜

❹ わくわく亭（道の駅北浦街道ほうほく内）

オススメ
わくわく定食¥2,100
北浦海鮮御膳¥3,500

☎ 083-786-0111
📍 下関市豊北町大字神田上314-1
🕒 3～6月、9～11月／10：00～18：00（LO17：00）
7 ～ 8月／ 10：00 ～ 19：00（LO18：00）
12 ～ 2月／ 10：00 ～ 17：00（LO16：00）
休 第1・3火曜（季節により変動あり）

❺ うに甚本舗

オススメ
おみやげ
赤間うに55g
（下関ブランド）¥2,700
一汐うに55g¥3,240

☎ 083-222-0169
📍 下関市唐戸町3-10
🕒 9：00 ～ 17：00
休 土・日曜

❻ 巌流本舗 本店

オススメ
おみやげ
巌流焼（1個）¥199
招きふく（6個入袋）¥799

☎ 083-248-3150
📍 下関市長府扇町6-44
🕒 8：00 ～ 17：00
休 水・日曜

❼ 松永軒 とようらブルーライン

オススメ
刺身定食¥1,300
うにづくし丼¥2,500

☎ 083-774-2933
📍 下関市豊浦町大字小串1188-4
🕒 10：30 ～ 17：00
（OS16：30）
休 水曜（祝日の場合は営業）

❽ ふく料理 季節料理「旬楽館」

オススメ
平家コース¥11,500
ふく彩りコース¥7,500

☎ 083-228-2452　📍 下関市唐戸町3-10
🕒 11：00 ～ 15：00（LO14：00）
17：30 ～ 21：00（LO20：00）
休 水曜

❾ 市場食堂 よし

オススメ
ふくふく定食¥2,400
よし定食¥2,000

☎ 083-232-4069　📍 下関市唐戸町5-50
🕒 月～金曜6：00 ～ 14：00（OS13：30）
土曜6：00 ～ 15：00（OS14：30）
日祝8：00 ～ 15：00（OS14：30）
休 火・水曜

長門市

青海島 海上アルプス

omijima kaijoarupusu

❶ 青海島 海上アルプス

大自然が削り上げた洞門や断崖絶壁・石柱など数多くの奇岩・怪岩などがあります

❷ 立石観音

高さ40mの安山岩でできた奇岩です

［青海島 海上アルプス］

海上から突き出たような岩礁が続いています。画家の東山魁夷画伯が海のイメージを求めて日本の海を見て回ってたどり着いた場所が青海島だそうです。壁画『朝明けの潮』を制作しています。写真好きな人は何度でも行きたくなる場所です

Access

長門市仙崎紫津浦

JR長門市駅からバスで約20分
美祢ICから車で約50分

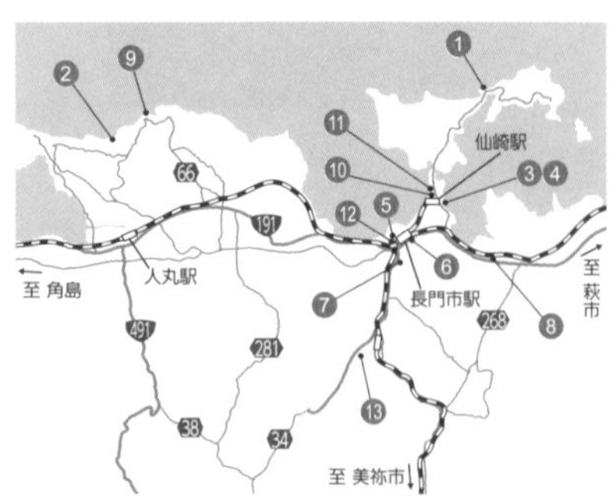

❸ 長七屋（センザキッチン ダイニング棟内）

オススメ
いか焼き¥800～＊仕入れで価格が変わります
長州どり手羽先唐揚げ1本¥200

☎ 0837-26-2288
長門市仙崎4297-6
10：00～17：00（LO16：30）
休 第2木曜（8月と祝日は除く）、1/1

❹ LaLa Bakery 海辺のパン屋（センザキッチン ダイニング棟内）

オススメ
おみやげ 海の天然酵母 百姓の塩ロール¥200
海の天然酵母 ベーコンエビ¥250

☎ 0837-27-0321
長門市仙崎4297-6
10：00～17：00
休 第2木曜（8月と祝日は除く）、1/1

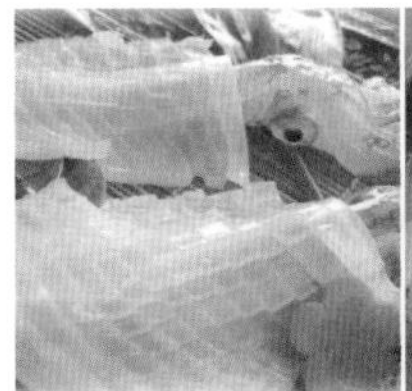
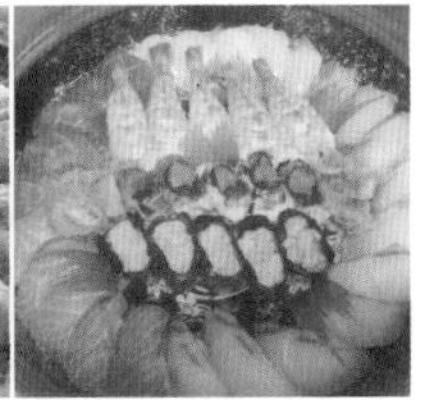

❺ くいどうらく本店

オススメ
活魚活造り（活いか・活さば他）¥3,000～
特上にぎり¥2,200

☎ 0837-22-3311
長門市東深川湊967-4
17：30～23：00
休 火・水曜

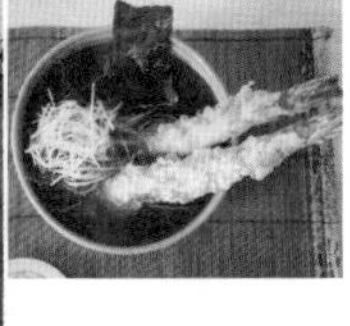

❻ そば処なかむら

オススメ
天ぷら¥1,300
若鳥（長州どり）¥1,000

☎ 083-722-6923
長門市東深川緑ケ丘811
11：00～15：00
休 火～金曜

❼ 藤光海風堂 本店

オススメ
おみやげ 白楽¥1,080
チーズころん¥780

0120-48-2432
長門市東深川2537-1
8：30～17：00
休 水曜（祝日の場合は翌日休業）、1/1

❽ いさ路

オススメ
海鮮丼¥2,470
おすすめ定食（平日20食限定）¥1,100

☎ 0837-42-0130
長門市三隅下1860-1
11：30～14：00／17：30～21：00
休 水曜 ＊不定休あり

⑨ 元乃隅神社

山口県を代表する観光地。123基の赤い鳥居が海へと続いています

⑩ 浜屋

オススメ
海幸丼（かいこうどん）¥2,500
うに釜めし¥4,900

☎ 0837-26-1436
長門市仙崎4137-5
11：30 ～ 15：00（LO14：30）
㊡ 火曜

⑪ 大和蒲鉾

オススメ
おみやげ 大和浜千鳥（小板）¥864
大和かま天（3枚入）¥712

0120-280-611
長門市仙崎錦町1267
8：00 ～ 17：00
㊡ 日祝（水曜休みの場合あり）

⑫ お食事処 よし松

オススメ
刺身定食¥2,000
鯨の刺身¥1,870 ～

☎ 0837-22-0019
長門市東深川991-11
11：30 ～ 14：00 ／ 17：00 ～ 22：00
㊡ 日曜

⑬ 大寧寺

お寺の手前が広い駐車場になっています。紅葉で有名で、池に落葉して水面を埋めたその下を鯉が泳いでいるのがとても綺麗です

萩市

笠山山頂展望台

kasayamasanchotembodai

❶ 笠山山頂展望台からの眺め

❷ 明神池

明神池は外海とつながっており、外海の干満に応じて池の水も増減する海跡湖。そのため鯛やヒラメが泳ぐ姿も見られます

❸ 風穴

笠山には「天然のクーラー」と呼ばれる大小無数の風穴があり、真夏でも15℃くらいの冷たい空気が流れ出しています

［笠山山頂展望台］

笠山は世界一小さい火山。展望台からの眺めは素晴らしく、眼下に樹海、日本海のパノラマが展開します。笠山の先端に椿の群生林があり、花が落ちて一面椿で埋め尽くされる姿は圧巻です

Access

萩市椿東越ヶ浜

萩市街地から車で約15分

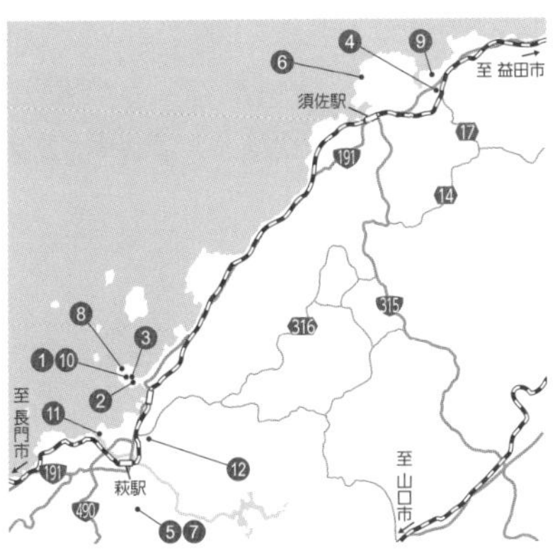

❹ 丹吾亭

オススメ
丹吾亭定食¥1,730
特別さしみ定食¥1,780

☎ 0838-72-0264 　◎ 萩市下田万1232-1
🕒 水～金曜11：00～14：00／17：00～19：30
月・土・日曜11：00～14：00
休 火曜

❺ 道の駅 萩往還

オススメ
[萩往還オリジナル]
おみやげ プレミアムマーマレード各¥689
旅する入浴剤 萩かおり風景の湯
「萩城下町夏みかんの花」¥185

☎ 0838-22-9889
◎ 萩市椿鹿背ヶ坂1258
🕒 9：00～18：00
休 なし

❻ 須佐
ホルンフェルス

チョコレートケーキが何層にも重なったような岸壁です。駐車場からホルンフェルスまで少し歩きます。岩の上や階段を歩いたりするので歩きやすい靴がおすすめです

❼ 見蘭牛ダイニング 玄

オススメ
究極の金ハンバーグ（見蘭牛100%）¥1,540
ごはんセット（ごはん、サラダ、味噌汁）¥385
旨とろ見蘭牛めし（味噌汁・お漬物付）¥2,068

☎ 0838-25-1113
◎ 萩市椿鹿背ヶ坂1258
🕒 月・水～金曜11：00～15：00
土日祝11：00～17：00
休 火曜（祝日の場合は翌日に振替）

❽ つばきの館

オススメ
つばき定食（甘鯛の煮つけ）¥2,400
さしみ定食¥2,400

☎ 0838-26-6446 　◎ 萩市椿東716-16
🕒 11：00～14：00 　休 水・木曜

❾ 北長門海岸国定公園

目の前に岩礁が横たわって両側は砂浜で、沖合に小島があります。岩礁に打ちつける波と、日本海に浮かぶ小島が心を和ませてくれます

❿ ドライブイン笠山

オススメ
イカ刺し丼¥1,500
イカ1本¥200 サザエの壺焼き1個¥300

☎ 0838-25-5081
萩市椿東越ケ浜4区1189-652
9：00 ～ 17：00
休 不定休

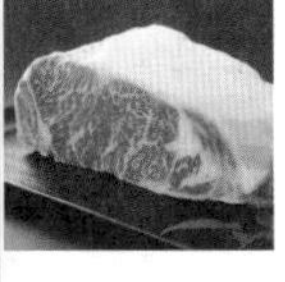

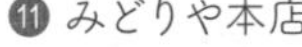

⓫ みどりや本店

オススメ
見蘭牛サーロインステーキ100g当たり
¥1,404 ～
金（見蘭牛100%）ハンバーグ（冷凍）1個¥702

☎ 0838-25-1232
萩市堀内89
9：00 ～ 18：30
休 1/1 ～ 1/3

⓬ 東光寺

萩藩三代藩主の毛利吉就公が創設した黄檗宗の寺院。ここで驚くのは、まるで人が整列しているかのように整然と並んでいる石灯篭です

美祢市・宇部市

秋芳洞

akiyoshido

❶ 秋芳洞［美祢市］

観光コースは約1kmあり、中は広く大きな空間が広がっています。洞窟内は照明されているので足元が暗いことはありません

［秋芳洞］

秋吉台国定公園の地下100m、その南麓に開口する日本屈指の大鍾乳洞です。洞内の総延長は11kmを超えます。棚田を思わせるような「百枚皿」など長い年月をかけて生み出された自然の造形美を堪能できます

Access

美祢市秋芳町秋吉

JR新山口駅からバスで約40分、「秋芳洞」下車
秋吉台ICから車で約5分

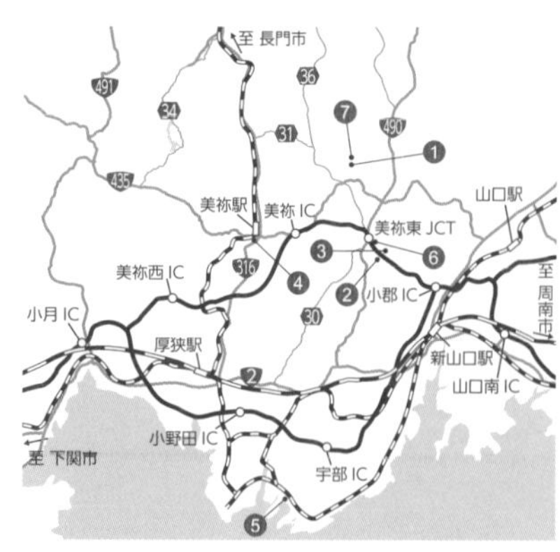

❷ 美東ちゃんぽん亭

オススメ
美東ちゃんぽん¥940
味噌ちゃんぽん¥1,120

☎ 08396-5-0165
美祢市美東町真名753
7：00 ～翌1：00
休 なし

❸ お食事処やまむら

オススメ
から揚げ定食¥1,170
まんぷく丼¥1,080

☎ 08396-5-0413
美祢市美東町真名2256
11：00 ～ 15：00（OS14：30）
17：00 ～ 21：00（OS20：15）
休 火曜

❹ 旬菜庵 昭八

オススメ
昭八御膳［雅］ ¥1,800
うなぎとそばのセット¥2,420

☎ 0837-52-9211
美祢市伊佐町伊佐5452-8
11：00 ～ 15：00
＊そばはなくなり次第終了
休 月・火曜
＊振替休日・臨時休業あり

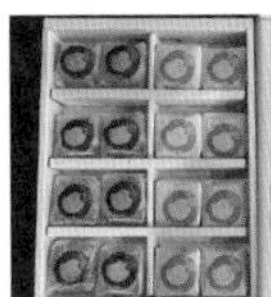

❺ 吹上堂

オススメ
おみやげ
利休さん16個入¥810
げってんかすてら¥1,080

☎ 0836-31-1012
宇部市中央町2-2-1
9：00 ～ 18：00
休 水曜

❻ 味あい

オススメ
味あい御膳¥1,835
海鮮生ちらし寿司御膳
¥1,945

☎ 08396-5-1508
美祢市美東町真名3165-2
11：00 ～ 13：30
休 水・木曜
＊ほか臨時休業が時々あり

❼ 秋吉台［美祢市］

広大なカルスト台地です。秋芳洞のエレベーター口からは、約300m上がった場所に展望台、軽食・お土産屋、ジオパークセンターなどがあります

山口市・防府市

瑠璃光寺五重塔

rurikoujigojyunotou

❶ 瑠璃光寺の五重塔〔山口市〕

約70年ぶりの檜皮葺屋根の全面葺き替え工事中（2023年4月～ 2026年3月予定）により、デザインシートに覆われていますが、庭園内は散策できます

[瑠璃光寺五重塔]

香山公園内にある国宝に指定されている五重塔です。室町時代に建てられた最も秀でた建造物といわれています。庭園の池との構図が素晴らしいです

Access

山口市香山町

小郡ICから車で約20分
JR山口駅から市コミュニティバスで約15分

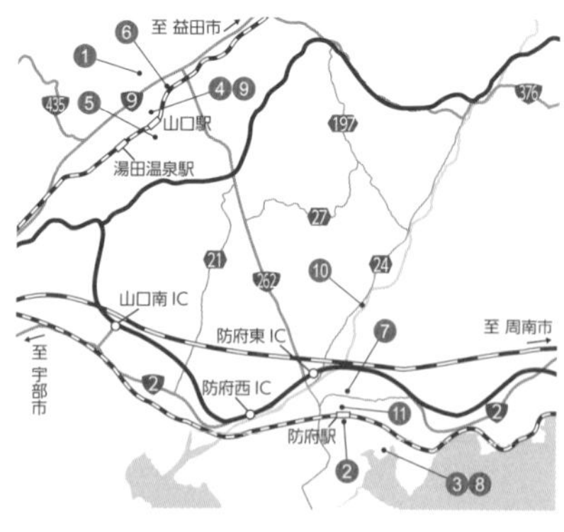

❷ 咲果庄

オススメ
天神ハモしゃぶ膳¥3,000
＊6～9月中旬までの季節商品
彩園弁当¥1,800

☎ 0835-27-2030
📍 防府市中央町5-25
🕒 11：00～14：00／17：00～21：00
㊡ 火曜

❸ 安心食堂 潮彩
道の駅 潮彩市場 防府

オススメ
お刺身スペシャル¥1,700
海鮮丼¥1,300

☎ 0835-27-5899
📍 防府市新築地町2-3
🕒 11：00～15：00
(OS14：45)
㊡ 水曜

日本三大火祭りのひとつです。長い竹竿1本に約40個の紅ちょうちんをつけ、一つひとつ手作業で火を灯します。山口市中心商店街のアーケード内では紅ちょうちんのトンネルが作られ、幻想的な雰囲気を楽しむことができます

❹ 山口七夕ちょうちんまつり（8月6・7日）［山口市］

❺ 豆子郎 茶藏庵 総本店

オススメ
おみやげ
簾子豆子郎（5袋10本入）¥1,944
生絹豆子郎（1本）¥194

☎ 083-925-2882
📍 山口市大内御堀1-1-3
🕒 7：00～19：00
併設茶房／10：00～17：00（LO16：30）
㊡ なし

木造2階建ての瓦ぶきで、見かけを西洋風につくった建物。およそ130年にわたり写真館として使用されていました

❻ 河村写真館［山口市］ 

❼ 防府天満宮［防府市］

日本最初の天神さまといわれている天満宮です。梅が有名で天満宮の裏手から正面まで境内一杯に咲いています（2月中旬～3月初旬くらい）

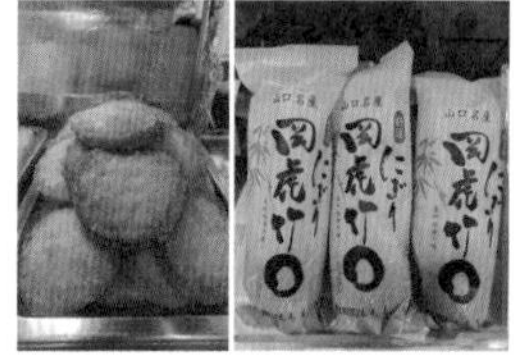

❽ 岡虎 道の駅潮彩市場防府店

オススメ
おみやげ 魚ロッケ¥150
特選にぎり竹〇¥250

☎ 0835-23-8383
防府市新築地町2-3
9：00 ～ 18：00
休 水曜 ＊当面の間

❾ 御堀堂 本店

オススメ
おみやげ 生外郎¥140
真空パック小形外郎（15個入）¥1,500

☎ 083-922-1248
山口市駅通り1-5-10
8：00 ～ 19：00
休 なし

❿ 佐波川（さばがわ）こいながし［防府市］

「佐波川」の広い川幅を生かし、水中で色鮮やかに泳ぐ約120匹の鯉のぼりと、周辺に広がる緑豊かな山々が調和した美しい風景が魅力的です

⓫ ふぐ処 佐じか

オススメ
ふぐ・満足コース¥7,920
ふぐ・おすすめコース¥9,900

☎ 0835-22-0193
防府市八王子1-23-13
17：00 ～ 22：00 ＊お昼の営業は予約制
休 月曜、第2日曜

周防大島町・下松市・周南市

瀬戸内のハワイ 周防大島

setouchinohawai suooshima

大島オイスター

情熱をもって作り上げた岩牡蠣です

❶ fish & oyster bar La Verite
（ラ・ヴェリテ）

オススメ
生牡蠣1個¥360～(季節により価格変更あり)
ガーリックシュリンプ¥1,320

☎ 090-2003-0141
大島郡周防大島町平野片添1207
11：00 ～ 15：30 (LO15：00)
㊡ 月～金曜

［周防大島］

瀬戸内海に浮かぶ自然美に満ちたリゾート気分を味わえる島です。歴史的にハワイとのつながりが強く、また温暖な気候から、瀬戸内のハワイとも称されています

Access

大島郡周防大島町

JR大畠駅からバスで約5分
玖珂ICから車で約25分

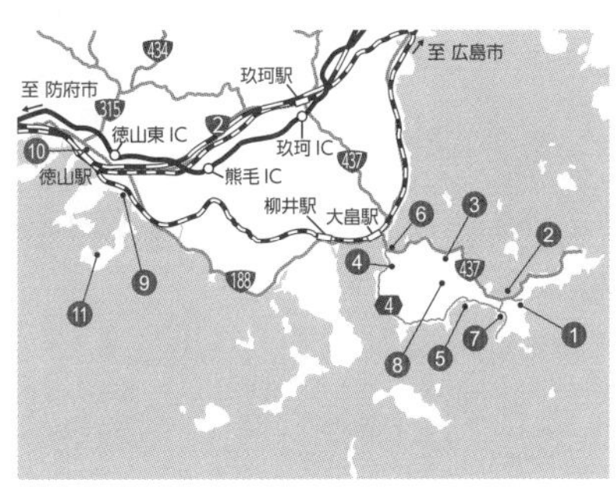

❷ 真宮島（しんぐうじま）
［周防大島町］

道の駅のすぐ右側に位置する島で、干潮の前後3時間だけ現れる砂の道を歩いて渡ることができます。潮が満ちるスピードが速いので余裕も持って行きましょう

❸ 鮨くぼ田

オススメ
本日のおまかせ握り鮨￥2,700～
特選穴子丼￥2,100

☎ 080-8240-7522
大島郡周防大島町久賀2562-1
11：00～15：00
17：00～21：00 ＊夜は完全予約制
㊡ 木曜

❹ 食在周防 あらかわ

オススメ
瀬戸貝の釜めし御膳￥1,760

0120-774-870
大島郡周防大島町小松1720
11：30～14：00／17：00～21：00
㊡ 木曜、第1水曜

❺ 厳門［周防大島町］

竜崎遊歩道の途中から降りたところにあり、波の浸食により岩の中ほどがくり抜かれた奇岩です。その頂上に十一面観音を本尊とする竜崎観音堂があります

❻ グランカフェ シーブリーズ
1976 chidori

オススメ
ルーブルコース￥2,400～
オペラコース￥2,980～

☎ 0820-80-4325
大島郡周防大島町西三浦10008-1
11：00～16：00／18：00～21：00
㊡ 火・水曜

⑦ 鮨や大将 うみべ

オススメ
大将コース¥5,500
うみべコース¥6,300

☎ 050-3592-2303
大島郡周防大島町外入2256-1
11：00 ～ 21：00 ＊完全予約制（1組限定4～10名様）
休 不定休

⑧ 嵩山展望台
［周防大島町］
ハンググライダーのランチャー台（フライトポイント）から大島東部のほぼ全域が一望でき、瀬戸内海特有の多島美を楽しむことができる絶景のスポットです

⑨ 中華そば紅蘭

オススメ
中華そば（並）¥670
チャーシュー麺（並）¥850

☎ 0833-41-0750
下松市駅南1-5-10
10：30 ～ 15：00
＊テイクアウトは17：00まで
休 水曜、第3木曜

⑩ たこ太鼓

オススメ
おみやげ
普通ソース・秘伝だし醤油どちらも6個¥400、8個¥500、10個¥600

☎ 0834-21-7688
周南市河東町5-36
11：00 ～ 19：00
休 火曜

⑪ 深浦海上鳥居
［下松市］
下松市笠戸島深浦湾に立つ石の鳥居

岩国市・柳井市

吉香公園

kikkoukouen

❶ 吉香公園〔岩国市〕

❷ 紅葉谷公園〔岩国市〕

吉香公園の左側に寺院が数軒並んでいます。その奥に紅葉谷公園があります。新緑のモミジ、紅葉のモミジが楽しめます

❸ 錦帯橋〔岩国市〕

山口県を代表する観光地で1673年に作られた5連のアーチ橋です。桜のシーズンには大勢の人がお花見に訪れます

[吉香公園]

錦帯橋を渡ったところにある公園です。大きな噴水があり桜の古木が並んでいます。園内には吉香花菖蒲園や城山花菖蒲園でカラフルな花を愛でることができます

Access

山口県岩国市横山

岩国ICから車で約7分
JR岩国駅からバスで約20分、「錦帯橋」下車

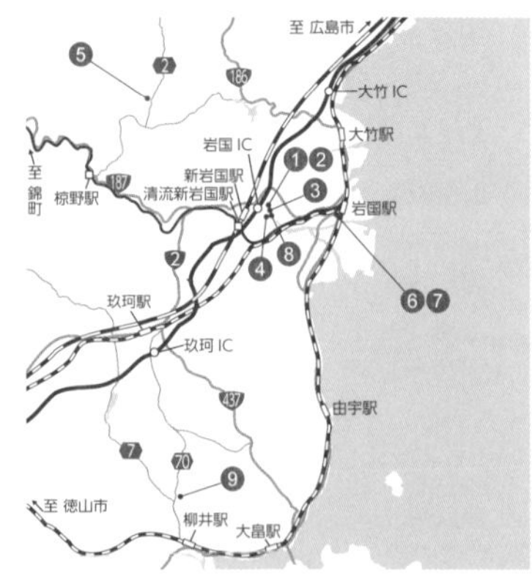

④ パンサー

オススメ
岩国寿司¥540
焼サバ寿司¥1,190

☎ 0827-41-2707
岩国市岩国1-5-11
9：00～16：00
休 不定休

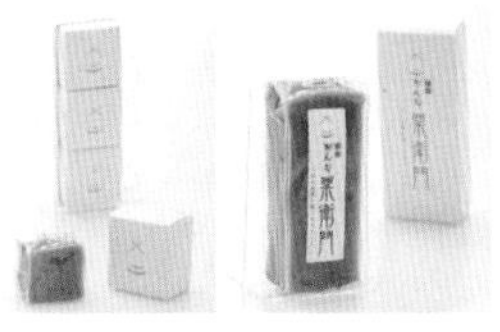

⑤ がんね栗の里＆GANNEGURI Lab.

オススメ
がんね栗衛門（110g）¥980
がんね栗衛門（40g×3）¥1,500

☎ 0827-97-0727
岩国市美和町生見1165-2
9：00～17：00
休 土・日曜

⑥ みつかんや

オススメ
杉本利兵衛本店蒲鉾（白銀）¥810
獺祭おためしセット¥3,080

☎ 0827-21-4261
岩国市麻里布町1-3-15
月～土曜10：00～20：00
日曜10：00～19：00
休 不定休

⑦ 岩国手打ちそば 岩せい

オススメ
海老天そば(冷・温) ¥1,380
ローストポーク丼¥650

☎ 0827-23-2100
岩国市麻里布町6-5-13
月～金曜11：00～15：00
＊水曜のみ14：00まで
土日祝10：00～15：00
休 不定休

⑧ 平清

オススメ
じゃのめご膳¥1,980
花かごご膳¥3,300

☎ 0827-41-0236
岩国市岩国1-2-3
月・木・金曜11：30～13：30（OS）、土日祝、繁忙期11：00～14：00
休 火・水曜
＊繁忙期営業、不定休あり

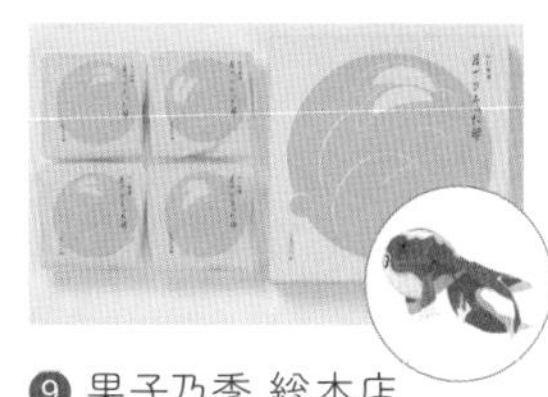

⑨ 果子乃季 総本店

オススメ
月でひろった卵（4個入）¥1,000
金魚ちょうちん（大）¥2,350

☎ 0820-22-0757
柳井市柳井5275
9：00～18：00
休 1/1

wonder ful! → 季節体験農場 花の海

四季を感じ、旬を味わう 花の海

花の海の農場と地元農家さんの新鮮な野菜・果物をふんだんに使っています

100万本のヒマワリ畑

季節体験農場 花の海

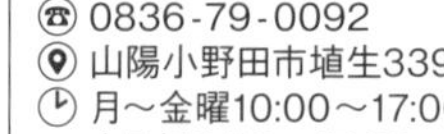

☎ 0836-79-0092
山陽小野田市埴生3392
月〜金曜10:00〜17:00
土日祝9:30〜17:00
㊡ 1/1

新玉ねぎチーズピザ

季節野菜のペペロンチーノ

旬の新鮮な野菜・果物の販売をしています

スイートコーン

吉敷愛児園のみんなと花の海スタッフが愛情を込めて作ったドレッシング

たまたまドレッシング

FUKUOKA

福岡

福岡市
北九州市
那珂川市
朝倉市
福津市
太宰府市
糸島市

福岡市

食の都 博多を味わう

shokunomiyako hakataoajiwau

玄界灘で獲れる豊富な海の幸、名物料理「もつ鍋」「水炊き」をはじめ、白濁スープの「博多ラーメン」、やわらかい麺がやさしい「博多うどん」、キャベツと一緒に楽しむ「焼き鳥」、ちょっと小ぶりな「ひとくち餃子」、お土産の定番「明太子」など……。そして夜になれば、屋台の灯りが輝き始めます

〔中央区・博多区〕

屋台

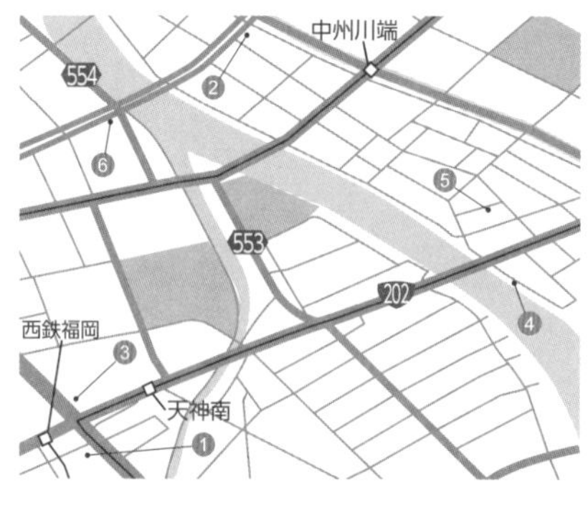

❶ Telas&mico（屋台）

オススメ
鉄串三種セット¥1,200
糸島豚手作りソーセージ¥950 ～

☎ 092-731-4917
中央区渡辺通4 Laz天神前
18：45 ～ 24：00
休 日・月曜（雨天時は休み）

❷ 風来けん坊

オススメ
いかめんたい¥1,000
牛たん¥1,500

☎ 090-1979-7296
博多区中洲5-6
18：00 ～ 24：00
休 日曜、悪天候

❸ 博多っ子純情屋台 喜柳

オススメ
からしメンコン¥700
焼きラーメン¥850

☎ 090-9721-9061
中央区天神1-4-1（博多大丸前）
18：30 ～翌2：30
休 不定休

④ 中洲屋台 伸龍

オススメ
焼きラーメン¥950
明太チーズ餃子¥800

☎ 090-3605-3591
博多区中洲1-8
17：00～翌4：00
休 月・木曜、悪天候

⑤ 長浜屋台 やまちゃん中洲店

オススメ
胡麻カンパチ¥1,080
ホルモンみそ炒め¥950

☎ 092-262-7882
博多区中洲2-4-18 中栄ビル 錦小路
18：00～翌3：00（LO翌2：30）
休 日・月曜、年末年始

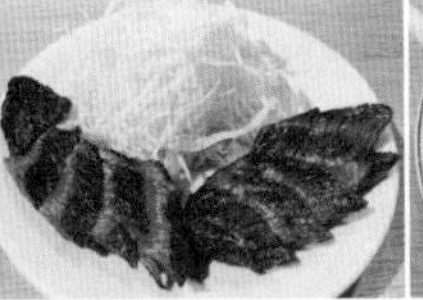

⑥ 屋台 ともちゃん

オススメ
和牛サガリ¥1,300
ラーメン¥750

☎ 090-3667-5782
中央区天神1-14-18（日本銀行向かい）
火～土曜18：15～翌2：00
日祝18：15～翌1：30
＊早めに閉めることもあります
休 月曜 ＊祝日の場合は変更の場合があります

〔西区・中央区・博多区〕

寿司・海鮮

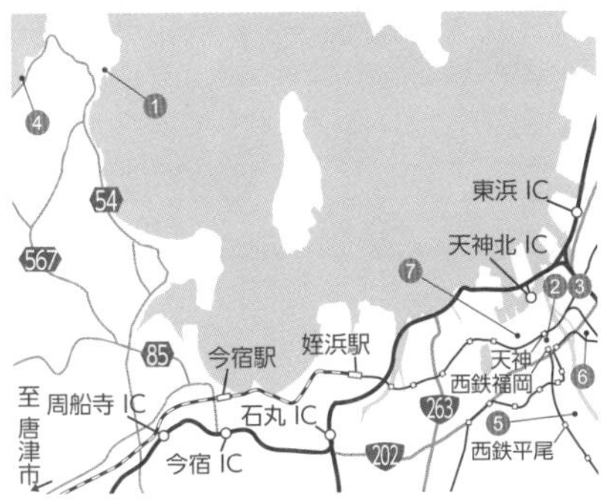

① 鮨・和食 空

オススメ
光輪（こうりん）¥4,700
光風（こうふう）¥2,200

☎ 092-805-9007
西区宮浦1147-3
月～水曜11：00～16：00（LO15：00）
金土日祝11：00～21：00（LO20：00）
休 木曜、第3水曜

❷ ひょうたん寿司

オススメ
特選ネタづくし¥3,630
カニクリームコロッケ¥539

☎ 092-722-0010
中央区天神2-10-20 2F
11：30 ～ 14：30 ／ 17：00 ～ 20：30
休 1/1

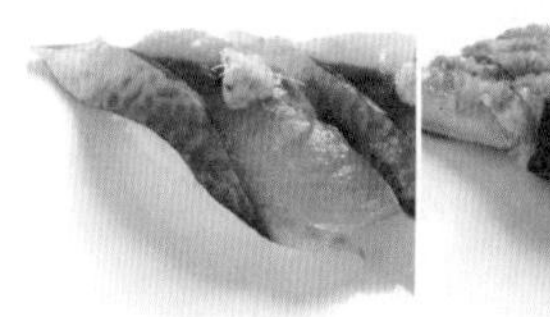

❸ ひょうたんの回転寿司

オススメ
生サバ¥638
焼穴子¥286

☎ 092-733-7081
中央区天神2-11-3 B2F
11：00 ～ 21：00
休 1/1

❹ 糸島海鮮堂 二見ヶ浦本店

オススメ
糸島海鮮丼（上） ¥3,800
ごまサバ丼¥2,000

☎ 070-4005-7508
西区小田2206-21
11：00 ～ 18：30（LO17：30）
休 不定休

❺ 宝祥

オススメ
いか活き造り定食¥1,500 ～
ごまさば定食¥1,600

☎ 092-524-3666
中央区高砂2-11-5
11：30 ～ 14：00（LO13：30）／ 18：00 ～ 22：30（LO料理21：30 ドリンク22：00）
休 水曜

❻ 博多シーフードうお田

オススメ
明太いくら玉子焼き丼¥2,530
豪華海鮮丼¥3,190

☎ 050-3184-0920
博多区博多駅前2-8-15
朝食 6：30 ～ 10：00（LO9：30）／ランチ 11：30 ～ 16：00（LO15：00）＊なくなり次第終了／ディナー 17：00 ～ 22：00（LO21：30）
休 なし

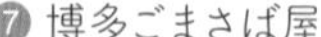

❼ 博多ごまさば屋

オススメ
ごまさば丼定食¥1,000 ～
トロさば丼定食¥1,600 ～

☎ 092-406-5848
中央区舞鶴1-2-11 おがわビル1F
11：00 ～ 14：30（LO14：00）
17：30 ～ 22：30（LO22：00）
休 日曜

〔中央区・博多区〕

焼き鳥・餃子

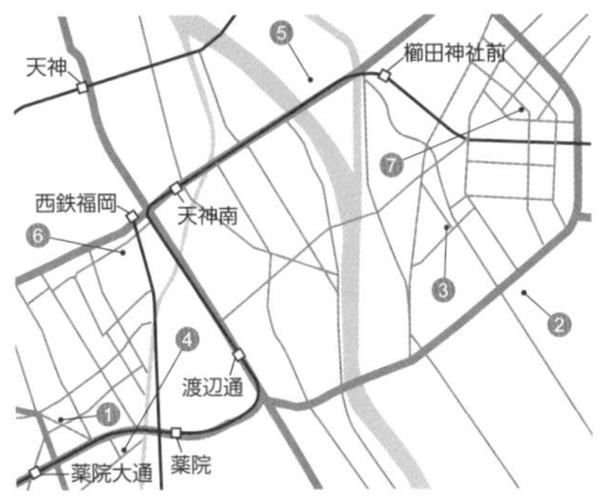

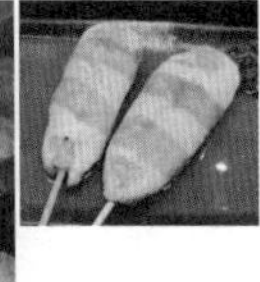

❶ とりかわ粋恭

オススメ
とりかわ¥180（1本）
ささみのしぎ焼き¥290（1本）

☎ 092-731-1766
中央区薬院1-11-15
17：00～23：00
休 不定休

❷ 博多とりかわ大臣 駅前串房

オススメ
博多とりかわ（たれ・しお）¥159（1本）
とん足塩焼¥440

☎ 092-409-3786
博多区博多駅前4-5-5
17：00～23：30（OS23：00）
休 なし ＊盆・正月期間、社内行事等の際はお休みします

❸ 博多餃子 游心

オススメ
博多餃子（12個～）¥960～
ホルモン焼（塩味orみそ味）¥1,200

☎ 092-282-3553
博多区住吉2-7-7 1F
17：00～24：00ごろ
休 不定休

❹ 餃子 李

オススメ
生菜包¥1,480
辣子鶏¥1,380

☎ 092-531-1456
中央区薬院3-1-11
11：30～14：30（OS）
17：00～23：00（LO21：50）
休 火曜（祝日の際は営業、翌平日は休業）

❺ 宝雲亭 中洲本店

オススメ
博多一口餃子¥600
ニラ卵とじ¥770

☎ 092-281-7452
博多区中洲2-4-20
17：30～23：00（LO22：30）
＊売り切れ次第終了
休 月曜

❻ 餃子屋 弐ノ弐 南天神店

オススメ
焼き餃子¥275
激辛四川麻婆豆腐¥748

☎ 092-733-3422
中央区今泉1-16-16
月～金曜17：00 ～ 24：00（LO23：30）
土日祝16：00 ～ 24：00（LO23：30）
休 なし

❼ 旭軒 駅前本店

オススメ
焼餃子¥380
手羽先¥100

☎ 092-451-7896
博多区博多駅前2-15-22
15：00 ～ 23：30
＊売り切れの場合は閉店することがあります
休 日曜

〔中央区・博多区・早良区〕

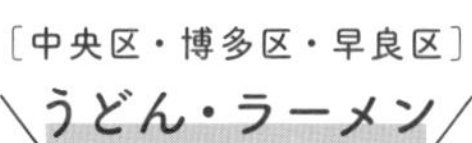

うどん・ラーメン

❶ 因幡うどん 渡辺通店

オススメ
肉ごぼう天うどん¥840
かしわめしにぎり¥130（1個）

☎ 092-711-0708
中央区渡辺通2-3-1
月～金曜11：00 ～ 21：00（LO20：30）
土日祝 11：00 ～ 20：00（LO19：30）
休 年始

❷ うどん平

オススメ
肉ごぼううどん¥700
鍋焼きうどん¥800

☎ 092-431-9703
博多区住吉5-10-7 第三住吉ハイツ1F
11：15 ～ 15：00
休 日祝

❸ 博多だるま 総本店

オススメ
月見チャーシューワンタンメン¥1,300
チャーハン¥600

☎ 092-761-1958
中央区渡辺通1-8-25
11：30 ～翌1：00（LO翌0：30）
休 1/1

④ 久留米 大砲ラーメン 天神今泉店

オススメ
ラーメン¥850
昔ラーメン¥900

☎ 092-738-3277
📍 中央区今泉1-23-8
🕒 10：30 ～ 22：00
㊡ 1/1

⑤ 博多らーめん ShinShin 天神本店

オススメ
煮玉子入りらーめん¥970
博多ちゃんぽん¥940

☎ 092-732-4006
📍 中央区天神3-2-19 1F
🕒 11：00 ～翌3：00
㊡ 水曜、第3火曜

⑥ ふくちゃんラーメン

オススメ
ラーメン¥650
チャーハン¥500

☎ 092-863-5355
📍 早良区田隈2-24-2
🕒 11：00 ～ 21：00（月曜11：00 ～ 15：00）
㊡ 火曜

〔博多区・中央区〕

水炊き・もつ鍋

① とりまぶし

オススメ
とりまぶし御膳¥1,680
博多水炊き御膳¥2,200

☎ 092-260-7273
📍 博多区中洲5-3-18 Tm-16ビル1F
🕒 10：30 ～ 22：00（LO21：00）
㊡ 12/31 ～ 1/3

② もつ幸

オススメ
もつ鍋 一人前¥1,200
ちゃんぽん麺 一玉¥330

☎ 092-291-5046
📍 博多区綱場町7-14
🕒 月～金曜17：30 ～ 23：00（LO22：30）
土祝17：00 ～ 22：30（LO22：00）
㊡ 日曜 ＊月曜が祝日の場合は日曜営業
（17：00 ～ 22：30）、月曜休業

③ 元祖もつ鍋 楽天地 天神本店

オススメ

もつ鍋満足コース¥3,135
～秘伝のタレ使用～
長年ご愛顧のすもつ¥209

☎ 092-741-2746
📍 中央区天神1-1-1 アクロス福岡 地下2F
🕒 11：00 ～ 22：00（LO21：30）
㊡ 施設の休館に準ずる

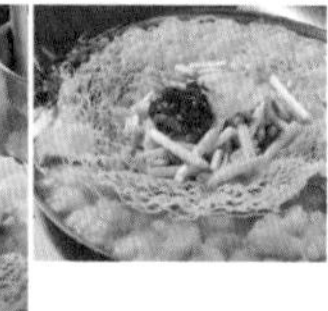

④ もつ鍋 こうづき 今泉店

オススメ

こうづきコース¥3,200
福岡満喫コース¥3,700

☎ 092-732-5868
📍 中央区今泉1-11-7 KYビル今泉3F
🕒 日～木曜16：00 ～ 23：00（LO22：00）
金・土・祝前日16：00 ～ 24：00（LO23：00）
㊡ 年末年始

［博多区・南区・中央区］

お土産

① 博多 鈴懸本店

オススメ

おみやげ ○すず籠¥2,949
白玉ぜんざい¥508

☎ 092-291-0050
📍 博多区上川端町12-20 ふくぎん博多ビル1F
🕒 9：00 ～ 19：00 茶舗11：00 ～ 19：00
（LO食事18：00、甘味18：30）
㊡ 1/1、1/2

② 福太郎 本社売店

オススメ

おみやげ めんべい プレーン（2枚×8袋）¥600
めんとん御膳一汁三菜¥1,260

☎ 092-413-4455
📍 南区五十川1-1-1
🕒 9：00 ～ 17：00、カフェ 11：00 ～ 15：00
（LO14：00）
㊡ 1/1

© 福岡観光連盟

③ 原口
海産物専門店

オススメ
おみやげ 天然羅臼昆布だし辛子明太子(100g)¥1,620
柚子いか明太子(270g)¥1,620

☎ 092-761-3377
中央区春吉1-3-3
8:00～17:00
休 日祝

④ 博多運盛

オススメ
おみやげ うんどら(黄金・白金)各¥1,188
めでたフィナンシェ(ほうじ茶・抹茶・和紅茶)各¥1,512

☎ 092-282-0017
博多区上川端町12-31 1F
10:30～18:30
休 日祝

⑤ シフォンケーキ マリィ
(chiffon cake MARIE) 本店

オススメ
おみやげ タピオカ塩麹¥430
プレーン¥430

☎ 092-522-5808
南区大楠3-17-17
10:00～18:00
休 月・火曜

⑥ 味の明太子ふくや 中洲本店

オススメ
おみやげ 本店限定明太子(200g) ¥3,672
めんツナかんかんフルコンプセット¥1,650

☎ 092-261-2981
博多区中洲2-6-10
月～金曜9:00～22:00
土日9:30～18:00
休 1/1～1/3

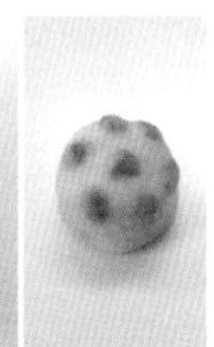

⑦ 和菓子処 兎月

オススメ
おみやげ 甘酒万十¥216
どら焼き¥270

☎ 092-751-1541
中央区六本松2-9-16
11:00～17:00
休 月・火曜(祝日の場合は営業)

北九州市

門司港レトロ展望室

mojikoretorotemboshitsu

❶ 門司港レトロ展望室からの夕景

❷ JR 門司港駅

JR 九州提供

2019年に創建時の姿に甦った門司港駅は、現役の駅舎として国の重要文化財に指定されています。指定されているのは東京駅と門司港駅の2つだけです

❸ 門司赤煉瓦プレイス

明治45年に建てられた「帝国麦酒株式会社」の工場施設で、2000年まではサッポロビール九州工場として使用されていました。現在は数々の飲食店やギャラリーで賑わっています

[門司港レトロ展望室]

高層マンション「レトロハイマート」の31階にある門司港レトロ展望室では、関門海峡や門司港レトロ地区、関門橋、そして下関の街並みまで一望することができます。また、日没時に真っ赤な夕日が沈んでいく光景は息をのむほどです

Access

北九州市門司区東港町1-32

JR門司港駅から徒歩で約13分

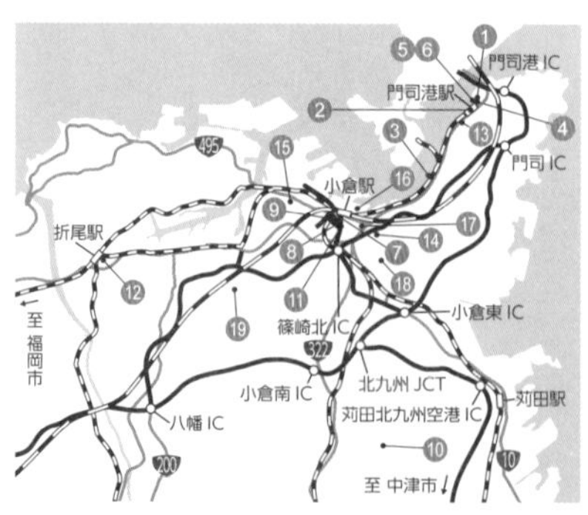

④ 門司港レトロン

オススメ
おみやげ 門司港焼きカレー¥540
焼きカレーせんべい¥1,290

☎ 093-331-0655
北九州市門司区港町5-1 海峡プラザ西館1F
10：00 ～ 20：00
休 無休

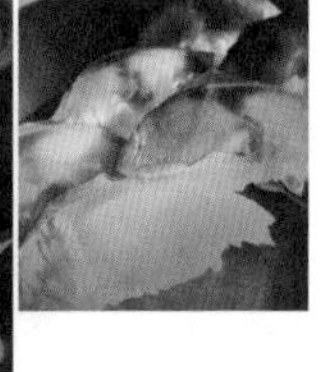

⑤ 寿し処 光本

オススメ
特海鮮丼セット¥1,980
シマサバの握り1人前¥1,600

☎ 050-5484-5351
北九州市門司区港町9-2
11：00 ～ 14：00 ／ 17：00 ～ 21：00
休 月曜（祝日の場合は火曜休業）

⑥ 世界にひとつだけの焼きカレー プリンセスピピ門司港

オススメ
野菜ソムリエ焼きカレー¥1,260
牛肉ゴロゴロ焼きカレー¥1,650

☎ 093-321-0303
北九州市門司区西海岸1-4-7
11：00 ～ 20：00
休 不定休

⑦ 湖月堂 本店・「喫茶去」

オススメ
おみやげ ［本店］栗饅頭¥141 ぎおん太鼓（こし餡）¥184 ［喫茶去］松花堂弁当¥1,800
白玉ぜんざい¥760

☎ 093-521-0753
北九州市小倉北区魚町1-3-11
［本店］ 9：00 ～ 19：00
［喫茶去］ 11：00 ～ 20：00（LO19：15）
休 1/1

⑧ 資さんうどん 魚町店

オススメ
肉ごぼ天うどん¥760 カツとじ丼（みそ汁付）¥760 ＊店舗により販売メニューや価格が異なる場合がございます

☎ 093-513-1110
北九州市小倉北区魚町2-6-1
24時間営業　休 なし

⑨ 小倉城

慶応丙寅の変（1866年）で城は焼失し、現在の小倉城は1959年に再建されました。4階より5階が大きい天守閣の「唐造り」が特徴です。桜の名所としても有名で、春には多くの花見客で賑わいます

⑩ 平尾台

広大なカルスト台地が広がり、地底には鍾乳洞があります。平尾台カルストは秋吉台、四国カルストとともに日本3大カルストと呼ばれています

⑪ 百年床・宇佐美商店

オススメ

おみやげ
サバのぬか炊き（真空パック2切入）¥850
スペアリブのぬか炊き（真空パック2本入）¥850

☎ 093-521-7216
北九州市小倉北区魚町4-1-30
月〜土曜10：00 〜 18：00
日祝11：00 〜 16：30
休 不定休

⑫ 東筑軒 折尾本社売店

オススメ

おみやげ
かしわめし（小）¥810（大）¥920
大名道中駕籠かしわ¥1,400

☎ 093-601-2345
北九州市八幡西区堀川町4-1
8：00 〜 17：00
休 年中無休

⑬ 関門海峡ミュージアム

関門海峡をまるごと楽しむ体験型博物館です。屋内には、明治から大正・昭和の時代に国際貿易港として栄えた当時の門司港の街並みや活気が、まるでタイムスリップしたかのように再現されています

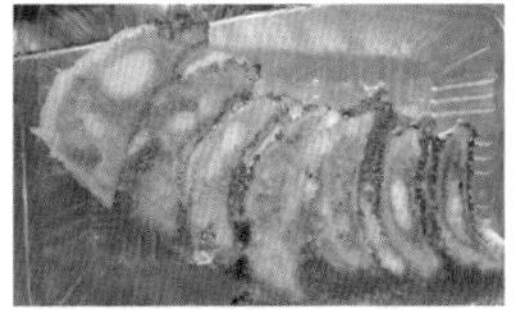

⑭ ぎょうざのキスミ

オススメ
焼ぎょうざ（7個入）¥320
肉のせ焼きめし¥750

☎ 093-541-2468
北九州市小倉北区宇佐町1-10-8
11：30～14：30／17：00～19：30 ＊テイクアウトのみ
休 水・木曜

⑮ うどん家 米

オススメ
ごぼ天うどん¥830
うどん定食¥930

☎ 093-882-7979
北九州市戸畑区中原東1-22-17
月・水～土曜11：00～18：00
日曜11：00～21：00
休 火曜

⑯ 味処 矢野

オススメ
活平目の海鮮丼¥1,300
鰯のぬか炊き¥1,100

☎ 093-551-0719
北九州市小倉北区浅野2-4-25
11：00～14：30 休 日祝

⑰ 門司港地ビール工房

オススメ
門司港ビール各種¥550～
窯焼きピッツァ マルゲリータ¥1,320

☎ 093-531-5111
北九州市小倉北区米町1-3-19
月～金曜11：30～14：30（LO14：00）
17：30～22：30（LO22：00）
土日祝11：30～22：30（LO22：00）
休 なし

⑱ 珍竜軒 総本店

オススメ
ラーメン¥950
肉盛ラーメン（数量限定）¥1,270

☎ 093-941-3750
北九州市小倉北区三郎丸1-5-5
11：00～17：00
休 火曜

⑲ 皿倉山・スロープカー

全面ガラス張りで、さえぎるもののない車窓からの景色は、北九州市内から関門海峡まで一望できる大パノラマです

那珂川市・朝倉市・福津市・太宰府市

現人神社

arahitojinja

Fukuoka

御本殿

「縁結びお守り」。恋愛成就にもご利益あり！

恋鯉みくじ

❶ 現人神社［那珂川市］ 写真提供：現人神社

境内を彩る色鮮やかな回廊

［現人神社］

「仕事も恋も叶えてくれる神様」として知られる現人神社。本殿前の回廊には、季節ごとにかざぐるまや風鈴、恋ぼんぼりなど、色鮮やかな飾りつけが施されます。夜にはライトアップされ、幻想的な雰囲気が広がります。また、かわいいお守りも女性に人気です

Access

那珂川市仲3-6-20

福岡都市高速環状線野多目ICから車で約10分
JR博多南駅から西鉄かわせみバス乗車、
「ミリカローデン那珂川」下車、徒歩で約５分

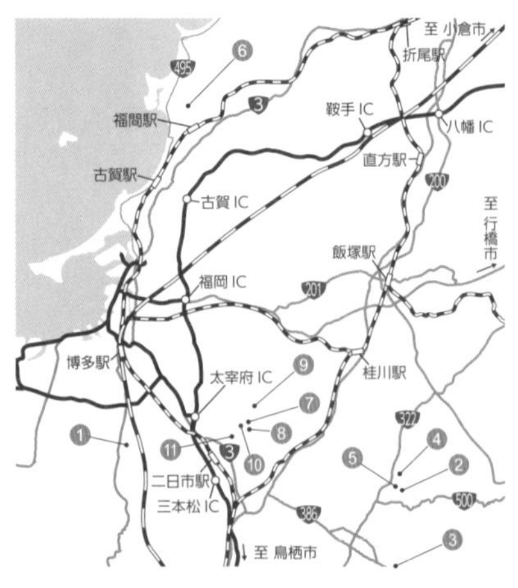

❷ 秋月城跡〔朝倉市〕

秋月は城下町全体が国の重要伝統的建造物保存地区に選定され、春には桜、夏には深緑、秋には紅葉等と、歴史遺産とのコラボレーションが訪れる人々の目を楽しませてくれます

© 福岡県観光連盟

❸ 三連水車〔朝倉市〕

日本最古の実働する水車。田植えから稲刈りの期間中、筑後川から水をくみ上げて稼働する様子は夏の風物詩の1つです

❹ だんごあん

オススメ

ヤマメ塩焼き¥800
古処鶏串焼き¥800

☎ 0946-25-0506
📍 朝倉市秋月野鳥196-2
🕒 10：00 ～ 17：00＊平日LO15：00
土日LO16：00、7～8月は毎日LO16：00
㊡ 水曜（祝日は営業）＊夏場は無休　＊天候不良の場合は曜日問わず急遽休業する場合あり

❺ 秋月池田屋

オススメ

蒸し雑煮セット¥1,000（秋月名物蒸し雑煮と蕎麦のセット）葛かけ蕎麦¥1,000

☎ 080-5270-7555　📍 朝倉市秋月574
🕒 11：00 ～ 15：00　㊡ 火曜

© 福岡県観光連盟

❻ 宮地嶽神社〔福津市〕

階段上から見下ろす参道の景色は絶景です。2月と10月には夕日が一直線に沈む「光の道」が見られることも。拝殿前の風格ある大注連縄は、大鈴、大太鼓とともに「3つの日本一」として大切にされています

提供：太宰府天満宮

⑦ 太宰府天満宮〔太宰府市〕

学問・文化・芸術の神様・菅原道真公を祀る、九州最大級の規模を誇る神社。2023年5月より約3年をかけ、124年ぶりに「御本殿」の大改修を行っており、改修期間中は御本殿前に特別な「仮殿」が設けられています

© 福岡県観光連盟

⑧ 九州国立博物館〔太宰府市〕

東京・奈良・京都国立博物館に次いで108年ぶりに新設された国内4番目の国立博物館です。旧石器時代から徳川後期までの日本文化の形成について展示している歴史系博物館です

⑨ カフェレストラン 人と木

オススメ
ハンバーグステーキセット150g ¥2,000 ～
(スープ・サラダ・ライス・ケーキ・ドリンク付)
おみやげ アップルパイ (12cmホール) ¥1,200
＊TAKEOUT

092-929-6639
太宰府市内山609-9
11：30 ～ 16：00 (LO15：00)
休 月曜、ほか不定休あり

⑩ 太宰府参道 天山 本店

オススメ
おみやげ 鬼瓦最中¥230～　あまおういちご大福最中(冬期限定商品) ¥700 ～
＊あまおう市場価格により変動あり

092-918-2230
太宰府市宰府2-7-12
10：00 ～ 17：00
休 不定休

⑪ 十二堂えとや 五条本店

オススメ
おみやげ 梅の実ひじき150g ¥756
辛子からか高菜180g ¥702

092-924-0382
太宰府市五条2-6-31
10：00 ～ 18：00
休 年末年始

糸島市

桜井二見ヶ浦(夫婦岩)

sakuraifutamigaura (meotoiwa)

❶ 桜井二見ヶ浦(夫婦岩)

❷ つまんでご卵ケーキ工房

オススメ

おみやげ
つまんでご卵
糸島ロール(18cm) ¥1,950
マカロン(八女産緑茶・糸島産あまおう・オーガニックチョコレート) ¥178

☎ 092-327-5850
糸島市志摩桜井5234-1
10:30 〜 17:00
休 火曜、年始、金曜不定

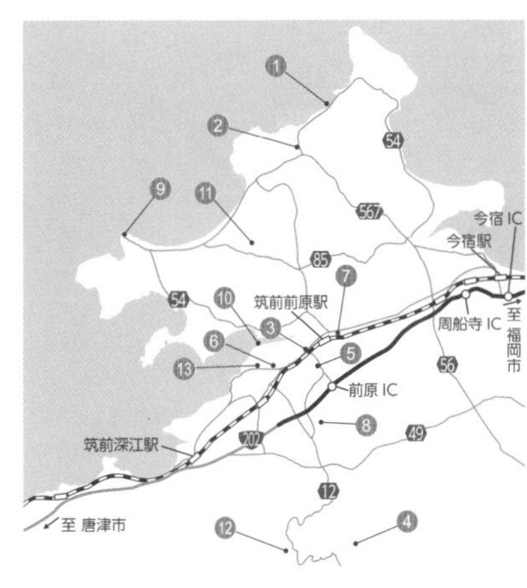

[桜井二見ヶ浦]

桜井二見ヶ浦は糸島市を代表する景勝地の1つです。海岸から約150m沖に浮かぶご神体の夫婦岩は向かって右が男岩、左が女岩と呼ばれており、縁結びや夫婦円満のご利益があるといわれています

Access

糸島市志摩桜井

今宿ICから車で約25分
博多・天神から昭和バス「ウエストコーストライナー」で、「二見ヶ浦(夫婦岩前)」下車すぐ

❸ 鉄板焼ステーキ 糸島グリル

オススメ
特選和牛ヒレテンダーロインステーキ（130g）¥7,500
グリルハンバーグセット（150g）¥1,500

☎ 092-332-0639
糸島市前原西1-14-12
11：00～14：00／17：00～20：00
休 水曜

© 福岡県観光連盟

❹ 雷（いかずち）神社

神社境内には、樹齢1000年を超える2本の観音杉と樹齢900年を超える大銀杏があり、秋にはひときわ鮮やかな黄金色の紅葉を楽しむことができます

❺ 糸島正キ

オススメ
おみやげ
人参ドレッシング¥928
玉ねぎドレッシング¥928

☎ 092-335-3237
糸島市南風台8-7-4
月～金曜10：00～17：00
土日祝10：00～18：00
休 1/1～1/3

❻ 糸島食堂 本店

オススメ
海鮮丼¥2,300
特選クロマグロ丼¥2,300

☎ 092-332-0288
糸島市神在西2-24-27
11：00～16：00
休 1/1

❼ ANALOG CRAFT CHOCOLATE

オススメ
おみやげ
米粉のガトーショコラ¥453
カカオ ハニー¥518

☎ 080-8756-3725
糸島市前原中央2-10-55
12：00～18：00
休 火曜

❽ 新三郎商店

オススメ
おみやげ
まいたちの塩 炊塩（50g）¥540
しおをかけてたべるプリン（花塩プレーン）¥540

☎ 080-2707-1170 糸島市本1454
10：00～17：00
休 火曜

❾ 芥屋の大門（けやのおおと）

糸島半島の西端に位置した日本最大の玄武岩洞で洞窟は神秘的な景観が広がっています。芥屋漁港からは遊覧船が出ており、洞窟内に入ることができます

※遊覧船は海上の気象状況等により、運航時間の変更や運航を見合わせる場合があります

© 福岡県観光連盟

⑩ 糸島の夕日

泉川（雷山川）河口の弁天橋から桜井二見ヶ浦までの33.3kmをサンセットロードといい、美しい夕日に心が和みます

⑪ 大島農園 糸島やぎ牧場

オススメ
おみやげ やぎミルク（M）¥550（2L）¥4,500 プリン¥700

☎ 092-327-3311
糸島市志摩小金丸2711-4
11：30～16：30
休 不定休

⑬ にぎり塚本鮮魚店（塚本鮮魚店２号店）

オススメ
サプライズランチ¥2,500
極上海鮮丼¥2,700

☎ 092-321-0202　糸島市加布里4-10-20
月～金曜11:00～14:30(LO14:00)／17:00～21:30(LO21:00)
土日祝11:00～15:30(LO15:00)／17:00～21:30(LO21:00)
休 不定休

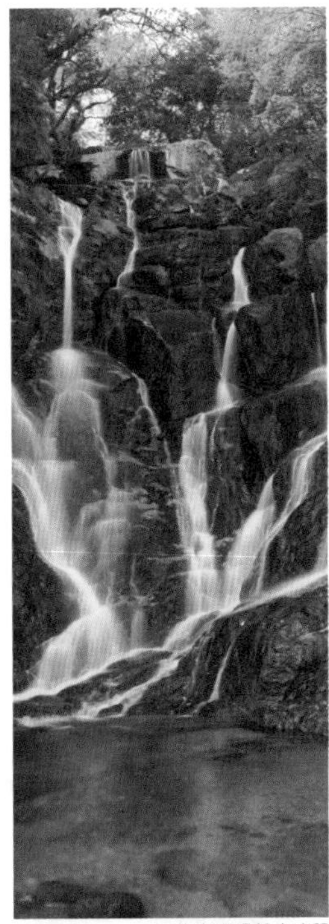

© 福岡県観光連盟

⑫ 白糸の滝（しらいとのたき）

羽金山の中腹にあり、岩肌を白い糸のように流れるやさしい雰囲気の滝です。6月中旬～7月上旬ごろまで約5,000株10万本のアジサイが楽しめます

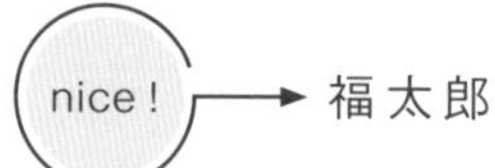

やっぱりめんべい

地域の特産物を
使用した
福岡の
ご当地めんべいを
味わってみませんか

＼柿ピューレ／

くるめんべい

＼うなぎの蒲焼／

柳川うなぎめんべい

＼わかめ／

宗像わかめんべい

＼あなご／

宗像あなごめんべい

＼いわしのぬか炊き／

北九州めんべい

＼鯛のすり身／

福津めんべい(鯛茶漬味)

＼三池高菜／

大牟田高菜めんべい

＼糸島カキ／

糸島カキめんべい

＼えつ・のり／

大川えつ・のりめんべい

＼柚子ごしょう／

添田めんべい(柚子ごしょう風味)

＼鱧／

豊前海鱧めんべい(鱧鍋味)

福太郎 本社売店

☎ 092-413-4455

福岡市南区
五十川1-1-1

9：00～17：00

＊福岡のお土産店、一部直営店にて販売しております。在庫状況により異なります

SAGA
佐賀

唐津市
玄海町
有田町
武雄市
多久市
嬉野市
伊万里市
太良町
鹿島市
みやき町
鳥栖市
佐賀市
吉野ヶ里町
神埼市
小城市

唐津市

唐津くんち 曳山

karatsukunchi hikiyama

❶ 曳山展示場 📷 唐津くんちで使用される曳山が展示されています

❷ 旧唐津銀行 📷

明治45年に建設された銀行建築。設計は田中實氏で、恩師の辰野金吾氏が監修したといわれています

❸ 鏡山公園 📷

虹の松原と唐津市内が一望できる展望台があります

❹ 虹ノ松原 📷

浜辺一帯が松林になっています。松林の中を道路が走っていて、カフェやレストランなどが並んでいます

[曳山展示場]

唐津市内最大のお祭り「唐津くんち」(毎年11/2 ～ 4)で町内を巡行する佐賀県の重要有形民俗文化財に指定されている14台の曳山が勢揃いしています

*現在、展示場建て替えのため、ふるさと会館アルピノ旧多目的ホールに「曳山展示場」を移転し、開館しています

Access

唐津市新興町2881-1 JR唐津駅から徒歩で約5分

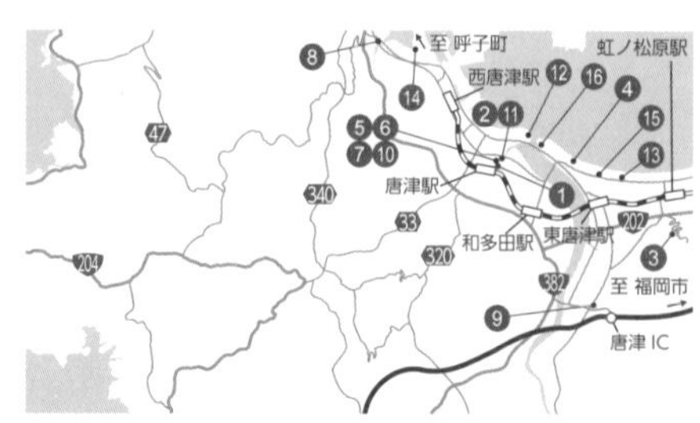

❺ 豆腐料理かわしま

オススメ
Aコース¥3,300
Bコース¥2,700

☎ 0955-72-2423
唐津市京町1775
9：00～
休 水・日曜

❻ 藤川蒲鉾

オススメ
おみやげ ふじ川の魚ロッケ（塩味／カレー味）¥97

☎ 0955-72-3745
唐津市中町1859-1
8：00～18：00
休 日曜

❼ 美術陶磁器の店
一番館

オススメ
おみやげ 中里太郎右衛門窯
唐津猪口（大）¥4,950
熊本千治作
彩白マグ（大）¥2,640

☎ 0955-73-0007
唐津市呉服町1807
10：00～18：00
休 1/1

❽ 玄海漬本舗

オススメ
おみやげ 玄海漬（鯨軟骨粕漬）K缶¥1,080
ドライフルーツ粕漬（りんご・パイン・キウイ）
箱入各¥648

☎ 0955-73-3804
唐津市佐志中通4065
月～金曜8：00～18：00、土曜8：30～17：00
休 日祝、土曜（不定休）

❾ たか寿司

オススメ
2代目おまかせにぎり（12貫）¥4,620
巻きずし¥990

☎ 0955-77-1314
唐津市中原1381-1
11：30～21：30（OS21：00）
休 月曜

❿ 魚処 亀山

オススメ
特上海鮮丼¥1,900
上海鮮丼¥1,400

☎ 0955-72-3568
唐津市中町1875-1
11：30～15：00
（OS14：20）
休 水曜

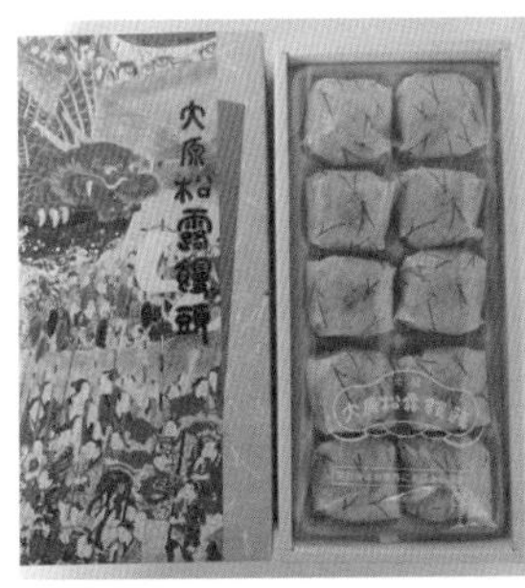

⓫ 大原松露饅頭
唐津本店

オススメ
おみやげ 松露饅頭6個入¥670
松露饅頭10個入¥1,188

☎ 0955-73-3181
唐津市本町1513-17
9：00～19：00
休 1/1、1/2

唐津市
Saga

⑫ 唐津城

築城当時、天守閣はありませんでしたが、昭和41年に観光施設として建てられました。内部は唐津郷土博物館になっています

⑬ 松原おこし麻生本家

オススメ
おみやげ 松原おこし27本入¥756
松原おこし14本入¥394

☎ 0955-72-3482
唐津市鏡4115-5
8:00 ～ 17:00
休 1/1

⑭ 唐津とと屋 めんたいこ直売所

オススメ
おみやげ 明太子からつっ子ジャンボ400g¥2,160
無着色明太子からつっ子上金150g¥1,080

0120-118-547
唐津市中ノ瀬通り10-16
9:30 ～ 16:30
休 日祝

⑮ からつバーガー 唐津地区・松原本店

オススメ
スペシャルバーガー¥570
みかんジュース（生絞り）¥500

☎ 0955-56-7119
唐津市鏡4
10:00 ～ 20:00
休 なし

⑯ 洋々閣ギャラリー

オススメ
おみやげ 隆太窯の器¥2,200 ～
mono hanakoの器¥2,200 ～

☎ 0955-72-7181
唐津市東唐津2-4-40
10:00 ～ 17:00
休 不定休

唐津市・玄海町

波戸岬のサザエのつぼ焼き

hadomisaki no sazaenotsuboyaki

岬の駐車場に小屋が立っていて、中に入ると焼き台が数台並んでいます

サザエのつぼ焼き

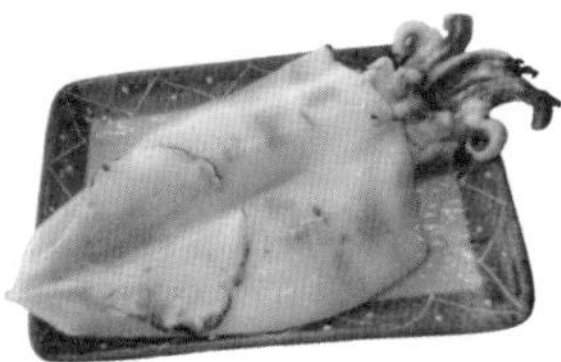

イカ焼き

波戸岬
1 サザエのつぼ焼き
売店 新店

オススメ

サザエのつぼ焼き
(3～4個) ¥600
イカ焼き(タレ・塩)
1皿 各¥600

☎ 0955-82-4774
唐津市鎮西町波戸1616-1
9：30～17：00
㊡ 1/1、不定休あり

[波戸岬]

東松浦半島にある小さな岬。美しい風景はもちろん、ハイキング、釣り、キャンプ、海水浴などいろんな楽しみ方ができるリゾートエリアです。海中から突き出た白い海中展望塔は必見です

Access

唐津市鎮西町波戸

多久ICから車で約1時間10分
JR唐津線、筑肥線唐津駅から車で約30分

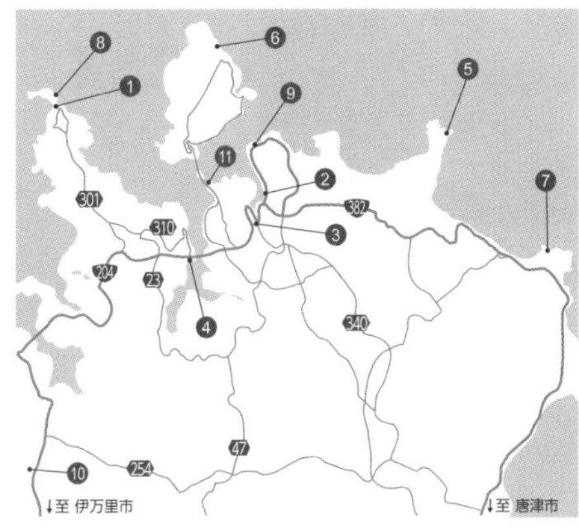

写真提供：佐賀県観光連盟

❷ イカの生干しの風景［唐津市］

呼子名物のイカの一夜干しは、甘みと歯ごたえがあり、絶品です

❸ 松浦漬本舗 直営店 松簾

オススメ
松浦漬缶詰￥1,296
いか入海鮮しゅうまい￥1,080

0955-82-0180
唐津市呼子町殿ノ浦5
9：00～17：00
休 土日祝

❹ いかの活造り 大和

オススメ
いか活造りえびの味噌汁定食￥3,900
いか丼定食￥1,600

0955-82-3643
唐津市鎮西町名護屋殿山1445-4
11：00～19：00 ＊イカの入荷次第で閉店時間が早まる場合もあります
休 不定休

❺ 七ツ釜［唐津市］

玄武岩が削られてできた岩が突き出ています。駐車場から草原を歩いて先端に行くと、展望台があり正面に七つ釜の穴の部分を見ることができます。遊覧船もあり、近くまで寄ってくれます

❻ 活魚料理かべしま

オススメ
花丸コース￥4,400
いかコロッケ￥935

0955-82-5187
唐津市呼子町加部島260-1
11：00～17：00（LO16：00）
休 水曜、1/1 ＊祝日・GW・お盆・正月期間は除く

❼ 立神岩［唐津市］

呼子から唐津方面に行く途中にあり、巨大な岩が海岸から突き出ています。岩の手前に駐車場とトイレがあり、浜辺ではサーファーを見かけます

Saga

❽ 玄海海中展望塔〔唐津市〕

海上デッキからは三方に広がる玄界灘の島々を堪能できます

❾ 河太郎 呼子店

オススメ
いか活造り定食￥3,480
河太郎定食￥4,600

☎ 0955-82-3208（予約不可）
唐津市呼子町呼子1744-17
月〜金曜11：00 〜 20：30（LO19：00）最終入店18：30 ／土日祝10：30 〜 20：30（LO19：00）最終入店18：30 ※仕入れや予約状況により、最終入店時間を繰り上げる場合があります
㊡ お盆・年末年始

写真提供：佐賀県観光連盟

❿ 浜野浦の棚田〔玄海町〕

玄界灘に面した海岸から階段のように斜面を幾重にも連なる棚田が覆い、自然の美しい景色を映し出します

⓫ 弁天遊歩橋〔唐津市〕

呼子大橋の手前にある駐車場から階段を下ると橋の中間にある小島に行く遊歩道があります。呼子大橋を見上げながらの散歩は格別です

有田町

トンバイ塀のある裏通り

tonbaibei noaruuradouri

❶ トンバイ塀のある裏通り

❷ ギャラリー有田

オススメ

有田名物ごどうふ膳 ¥1,760
伊万里牛焼カレー¥1,650

☎ 0955-42-2952
西松浦郡有田町本町乙3057
11：00～17：00
休 不定休

[トンバイ塀のある裏通り]

トンバイとは、登り窯を築くために用いた耐火レンガのことで、廃材や使い捨ての窯道具を赤土で塗り固め作った塀です。有田らしい雰囲気が感じられます

Access

西松浦郡有田町上幸平

JR上有田駅から徒歩で約20分
JR有田駅から車で約7分
波佐見・有田ICから車で約10分

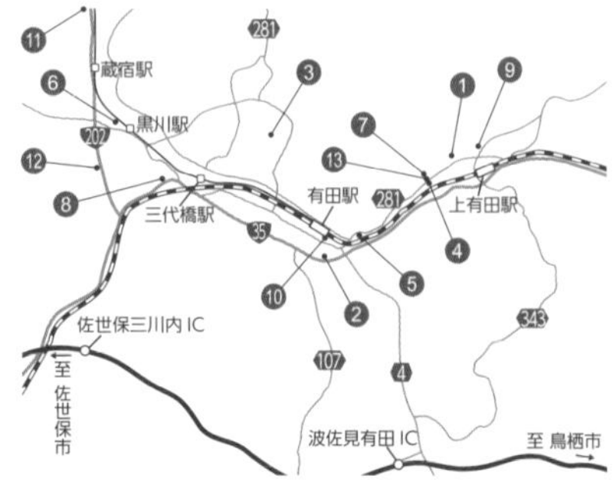

❸ アリタセラ

オススメ
おみやげ 匠の蔵プレミアムビアグラス
¥1,980 ～ 13,200
匠の蔵SAKE GLASS ¥1,100 ～ 7,040

☎ 0955-43-2288
📍 西松浦郡有田町赤坂丙2351-169
🕒 10：00 ～ 17：00
㊡ 無休

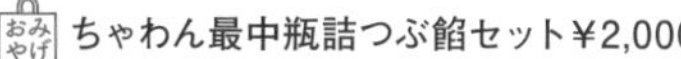

❹ 灯す屋

オススメ
おみやげ ちゃわん最中瓶詰つぶ餡セット¥2,000

☎ 0955-29-8929
📍 西松浦郡有田町大樽2-3-21
🕒 事前に電話にてお問い合わせしてください
㊡ 土日祝

❺ 高島豆腐店

オススメ
おみやげ 高島のごどうふ（タレ付）
¥250
くろみつごどうふ¥550

☎ 0955-43-2463 📍 西松浦郡有田町岩谷川内2-9-7
🕒 7：00 ～ 17：00
㊡ なし

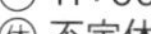

❻ 東屋

オススメ
🍴 コース料理（要予約）
¥4,400 ～

☎ 0955-46-3033
📍 西松浦郡有田町黒川679
🕒 11：00 ～ 21：00
㊡ 不定休

❼ 深川製磁 本店

オススメ
おみやげ ブルーチャイナ 紅茶碗皿
¥11,000
ブルーチャイナ ポット
¥27,500

☎ 0955-42-5215
📍 西松浦郡有田町幸平1-1-8
🕒 9：00 ～ 17：00
㊡ 年末年始（12/30 ～ 1/2）

❽ 西洋食堂 信 -NOBU-

オススメ
🍴 120gレモンステーキセット¥1,890
150gハンバーグセット¥1,580

☎ 0955-42-5123
📍 西松浦郡有田町南原甲883-1
🕒 11：00 ～ 15：00（OS 14：30）
17：00 ～ 21：00（OS 20：30）
㊡ 不定休

❾ 前田陶助堂

オススメ
おみやげ 陶助おこし（10ヶ入） ¥1,000
〃 （15ヶ入） ¥1,600

☎ 0955-42-4411
📍 西松浦郡有田町泉山1-16-13
🕒 月～金曜 8：00 ～ 17：00 ／土曜 7：00 ～ 19：00 ／日曜 11：00 ～ 19：00
㊡ なし

⑩ 有田銘品館

オススメ
有田焼カレー(大) ¥2,160
有田焼チーズケーキ (S) ¥2,160

☎ 0955-43-3020
西松浦郡有田町本町丙
10：00 ～ 16：00
休 水曜

⑪ 森清

オススメ
森清盛¥3,300
ステーキご膳¥2,200

☎ 0955-46-2263
西松浦郡有田町立部乙52-1
月～土曜18：00 ～ 22：00 (LO21：00)
日祝18：00 ～ 21：30 (LO20：15)
＊11：30 ～ 14：30は要予約・要相談
休 不定休

⑫ 十割手打そば 美吉

オススメ
有田セット¥1,200
ごどうふ天丼セット＊平日限定¥950

☎ 0955-46-2352
西松浦郡有田町下本2553-3
11：30 ～ 14：30 ＊手打ちのため売り切れ次第閉店します
休 水曜 (祝日の場合は営業)

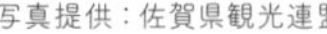

写真提供：佐賀県観光連盟

有田焼を中心に、有田町の魅力を存分に味わえるイベントです。器選びや窯元での薪を使った窯焚きの特別公開、ガイドツアー、さらに地元の料理も楽しむことができます

⑬ 秋の有田陶磁器まつり 

武雄市・多久市・嬉野市・伊万里市

武雄温泉 楼門

takeoonsen roumon

❶ 武雄温泉 楼門［武雄市］

殿様湯

江戸時代に領主である武雄鍋島氏の専用風呂として造られた総大理石の見事な風呂です

武雄温泉新館

大正初期に建てられた大衆浴場。平成15年に復原工事が完成し、鮮やかな色彩の外観が蘇りました。館内は当時の大衆浴場がそのまま保存されていて、マジョリカタイルや陶板デザインタイルなども見学できます

［写真提供 武雄温泉株式会社］

［武雄温泉］

開湯から1300年。入り口の楼門、武雄温泉新館は東京駅を設計した建築家・辰野金吾氏によって設計・建設されました。日本最古の木造浴場「元湯」や露天風呂付の「鷺乃湯」といった大衆浴場のほか、趣の異なる浴室が豊富にそろっています。楼門と新館は、「国指定重要文化財」です

Access

武雄市武雄町大字武雄7425

武雄北方ICから車で約10分
JR武雄温泉駅から徒歩で約15分

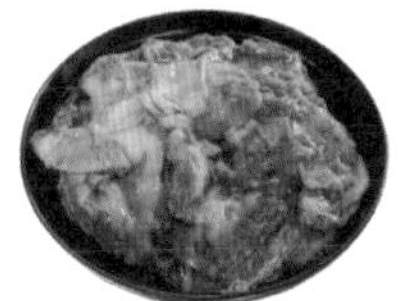

❷ お食事処 かみや

オススメ
かみやのカツ丼￥930
ちゃんぽん￥800

☎ 0954-36-2915
武雄市北方町大字志久96-6
11：00～14：00（OS13：45）
休 日曜、第2・4月曜

❸ 井手ちゃんぽん 本店

オススメ
ちゃんぽん￥870
かつ丼￥930

☎ 0954-36-2047
武雄市北方町大字志久1928
木～月曜11：00～20：30
火曜11：00～15：00
休 水曜

❹ 武雄温泉物産館

オススメ
おみやげ
たけおどら（1個）￥216
プリンソフト￥500
〈テイクアウトコーナー〉

☎ 0954-22-4597
武雄市武雄町大字昭和805
8：30～17：00
休 1/1

チームラボが手掛けるアート作品「森の中の、呼応するランプの森とスパイラルーワンストローク」（御船山楽園ホテル本館ロビー）

武雄温泉の南に大きな岩山があり、そのふもと一帯が公園になっています。季節を通じて花が咲き誇り、感動の景色が楽しめます

❺ 御船山楽園

☎ 0954-23-3131
武雄市武雄町大字武雄4100
8：00～18：30
￥ 大人（中学生以上）￥700
小学生￥300
＊竹林亭・御船山楽園ホテルにご宿泊のお客様は入園無料

❻ 居酒屋 甚八

オススメ
海鮮丼￥1,400
スペシャル海鮮丼￥1,800

☎ 0954-27-7226
武雄市武雄町大字昭和10-10
11：30～14：00（LO13：30）
18：00～22：00（LO21：30）
＊土日の夜は17：30～
休 なし

❼ 岸川まんじゅう森上商店

オススメ
おみやげ
あん無しまんじゅう￥100
あん入りまんじゅう￥130

☎ 0952-74-3848
多久市北多久町大字多久原岸川4529-1
8：00～17：00
休 月曜

❽ 佐嘉平川屋 嬉野店

オススメ
嬉野温泉湯豆腐定食 ¥2,000
平川屋パフェ¥980

☎ 0954-43-1241
📍 嬉野市嬉野町大字下宿乙1463

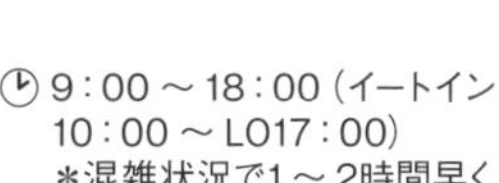

🕒 9：00 ～ 18：00（イートイン10：00 ～ LO17：00）
＊混雑状況で1 ～ 2時間早くLOになる場合あり
㊡ 年末年始

❾ 福田とうふ店

オススメ
おみやげ **温泉湯豆腐（国産）¥280**
よせ豆腐¥230

☎ 0954-42-1112
📍 嬉野市嬉野町大字下宿丙110-2
🕒 6：00 ～ 17：00
㊡ 水曜

❿ 百年亭

オススメ
長崎ちゃんぽん¥770
湯豆腐定食¥1,200

☎ 0954-20-2525
📍 嬉野市嬉野町大字下宿乙2202-8
🕒 11:30～20：00(LO19：30／土日祝は20：00）＊平日14：00 ～ 16：30はクローズ
㊡ 第4水曜
＊変更になる場合あり

⓫ 大川内山の町並み
［伊万里市］ 📷

伊万里と有田の中間にあり、三方を山に囲まれています。江戸時代に鍋島藩が陶芸の技術の流出を恐れて、山の入り口に関所を設けて管理したそうです。明治になって廃れましたが復興されて、現在は多くの窯元があり、入口の橋は陶磁で作られています

太良町・鹿島市

大魚神社の海中鳥居

oouojinjya no kaichuutorii

❶ 大魚神社の海中鳥居〔太良町〕

❷ かき焼き勇栄丸

オススメ
勇栄丸セット¥2,800
たらみかんサワー¥500

☎ 0954-67-0122
藤津郡太良町多良4227-7
[10～3月]
月～金曜11：00～16：00
土日祝10：00～17：00
＊4～9月はお休み
㊡ 1/1

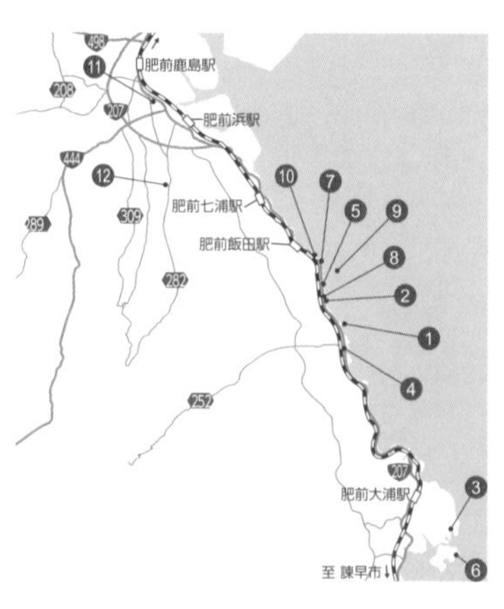

[大魚神社の海中鳥居]

日本一の干満差（最大で6m）を誇る有明海には3基の海中鳥居があります。満潮時には浮かんでいるように見え、干潮時には鳥居の下を通ることができます。潮の干満によって違う表情が楽しめます

＊漁業作業のため、車両の乗り入れが出来ない期間があります

Access

藤津郡太良町多良1874-9先

道の駅太良から車で約5分
JR多良駅から徒歩で約10分

❸ ～竹崎蟹～ 茶寮 海旬

オススメ
竹崎カニ姿煮￥3,000～7,000（時価）
竹崎カニ付コース夜灯華￥7,700

☎ 0954-68-2345
藤津郡太良町大浦丙915-1
11：30～15：00
土曜11：30～15：00／18：00～22：00
㊡ 月曜

❹ 居心家 もと茶庵

オススメ
天プラと海鮮三色ミニ丼ランチ￥1,400
黒毛和牛ハンバーグ￥1,800

☎ 0954-67-2626
藤津郡太良町多良1397
11：30～14：30（OS14：00）
18：00～22：00（OS21：00）
＊第2・4日曜はランチ営業のみ
㊡ 月曜

❺ 牡蠣焼 七福丸

オススメ
天然平かき（大2kg）￥1,000
サザエ（1個）￥200～300

☎ 080-5605-6984
藤津郡太良町伊福甲2225-1
月～金10：00～16：30
土日10：00～17：00
㊡ 不定休

❻ 旬工房竹崎

オススメ
うちの蟹飯￥2,800
竹崎コース
￥6,600～7,700

☎ 0954-68-3446
藤津郡太良町竹崎20-3
11：00～16：00
㊡ 火曜

❼ 大福丸 箱崎店

オススメ
カニ釜飯￥1,430
カキフライ定食￥968

☎ 0954-62-8272
藤津郡太良町伊福3483-4
10：00～19：00
㊡ 不定休（11～3月まで無休営業）

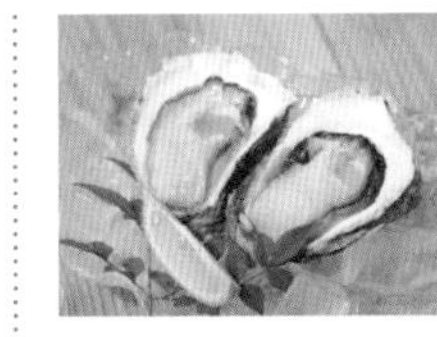

❽ 牡蠣焼き 竹崎海産

オススメ
生岩かき￥1,200～
竹崎かに￥1,000～3,000（時価）

☎ 0954-67-0603
藤津郡太良町多良4261-1
［11～3月末］9：30～17：00
［4～10月末］10：00～16：30
㊡ ［11～3月末］1/1
［4～10月末］火曜

⑨ 有明海〔太良町〕

有明海の大きな潮の満ち引きは、沖合5kmにわたる広大な干潟を形成し、ムツゴロウなど有明海特有の多種多様な生物の生息地となっています

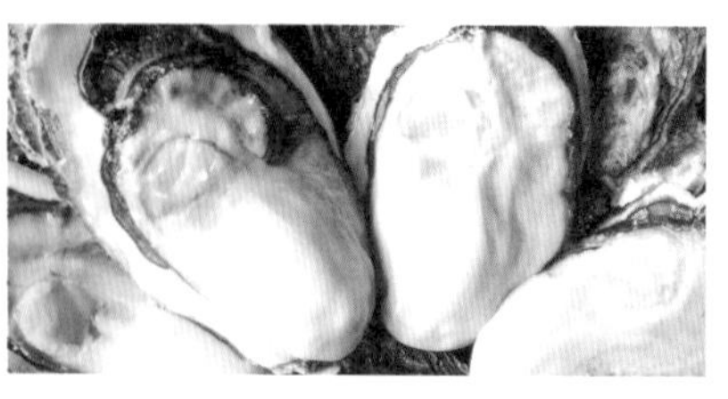

⑩ 牡蠣焼き 八光

オススメ
ブランド牡蠣「粒姫」￥1,430
竹崎カニ 姿煮（時価）￥4,400
（2024年3月現在）

☎ 090-3322-0667　鹿島市飯田甲4910
10：00 ～ 17：00
㊡ 不定休

⑪ 海鮮丼専門店 佐助

オススメ
佐助丼￥2,200
北海丼￥3,300

☎ 0954-68-0608　鹿島市納富分2884-1
11：00 ～ 15：00（OS14：30）／18：00 ～ 21：00（OS20：30）＊日・月曜は昼のみ営業
㊡ 火曜

⑫ 祐徳稲荷神社〔鹿島市〕

「日本三大稲荷」に数えられている神社です。本殿の先には奥の院へ向かって赤い鳥居が並びます。奥の院までは長い石段が続きますが、有明海まで一望できる絶景を見ることができます。参道には門前商店街があり、土産物や食事が楽しめます

みやき町・鳥栖市・佐賀市・吉野ヶ里町・神埼市・小城市

大富牧場のプリンソフト

ootomibokujyo no purinsofuto

プリンソフト

農村果実パフェ

いちごのケーキサンド

❶ 大富牧場
フライングカウ

オススメ

プリンソフト¥700
農村果実パフェ¥時価

☎ 0942-94-5055
三養基郡みやき町簑原708
(冬期) 11：00 ～ 16：00
(夏期4 ～ 10月)
11：00 ～ 17：00
㊡ 月・火・水曜

[**大富牧場**]

みやき町にある酪農と肥育牛で約60年続いている牧場です。大富牧場の加工部門「フライング カウ」では、朝、絞りたての生乳を使い無添加、無着色、無香料にこだわったスイーツが味わえます。カップの牛イラストがかわいい

Access

JR中原駅から車で約4分
国泰寺ICから車で約18分

❷ 佐藤製菓本舗

オススメ
おみやげ きなこわらびもち¥380
まるごとみかん大福¥380

☎ 0942-82-2773
📍 鳥栖市田代新町122-1
🕘 9：30～18：00
㊡ 水曜、不定休（月に2～3回）

❸ 佐賀牛レストラン 季楽 本店

オススメ
佐賀牛ロースステーキランチ¥5,400
佐賀牛味わいトリオコース¥10,500

☎ 0952-28-4132 📍 佐賀市大財3-9-16
🕘 11：00～15：00（LO14：00）
17：00～22：00（LO21：00）
＊土日祝のランチは早めに入店ストップをかける場合があります
㊡ 水曜（祝日の場合は翌日休業）

❹ 吉野ヶ里歴史公園〔吉野ヶ里町〕📷

吉野ヶ里遺跡は、３つの町村にまたがった国内最大の遺跡です。とにかく広く、園内にバスが20分間隔で運行されていて園内を循環しています。時間の余裕を持って行かれるのがいいでしょう

❺ CAFE 木と本

オススメ
シシリアンライスセット（ドリンク含）¥1,480
自家製オレオチーズケーキセット（ドリンク含）¥1,180

☎ 0952-37-8803 📍 佐賀市唐人1-2-18
🕘 月・火・金曜10：30～20：45、水曜11：30～20：45
土日祝9：30～18：00 ㊡ 木曜

❻ ひろせ菓子店

オススメ
おみやげ 大納言パイまんじゅう
¥250
肥前大和ふれ太鼓¥220

☎ 0952-62-1740
📍 佐賀市大和町大字尼寺
1469-6
🕘 8：00～18：00
㊡ なし

❼ 仁比山神社［神埼市］

神社にある樹齢800年や600年のクスノキの大木は、迫力満点で不思議なパワーをもらえそうです。モミジの古木もたくさんあり、春の新緑・秋の紅葉は見事です

Saga

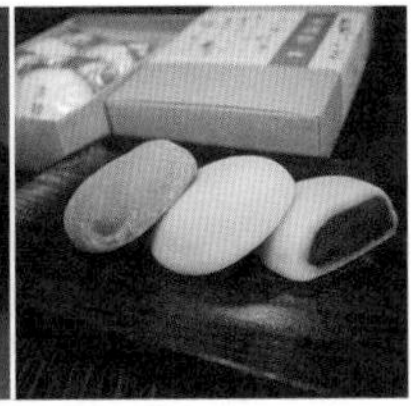

❽ 高橋餅本舗 福屋

オススメ
おみやげ 高橋餅（1個）¥120
いちご大福（1個）¥250

☎ 0952-23-8071
佐賀市嘉瀬町扇町2430
8：00 ～ 18：00
休 火曜

❾ 森まんじゅう店

オススメ
おみやげ 黒糖万十¥90
いきなり団子¥120

☎ 0952-22-4352
佐賀市南佐賀2-16-5
8：00 ～ 19：00
休 不定休

❿ さがんれすとらん志乃 県庁店

オススメ
佐賀牛シシリアンライス¥1,430
佐賀牛ひつまぶし（極上）¥4,400（上）¥3,850

☎ 0952-23-7511
佐賀市城内1-1-59 13F
11：00 ～ 15：00 ／ 17：00 ～ 21：00
休 月曜（祝日の場合は翌日休業）

⓫ 村岡総本舗本店

オススメ
おみやげ 特製切り羊羹¥900
カシューナッツ羊羹
¥1,080

☎ 0952-72-2131
小城市小城町861
9：00 ～ 18：00
＊元日のみ11：00 ～ 17：00
休 なし

pretty! → 篠原三松堂

伝統の『鯛菓子』金花糖

金花糖（きんかとう）を作る篠原三松堂は、大正時代末に菓子製造販売の店として創業。金花糖は、型に流して作る砂糖菓子です。その鮮やかさと愛らしさは、まるで芸術作品です。経験豊富な匠の技がつまったお菓子をぜひ味わってみてください

祝い揃い

篠原三松堂

オススメ

おみやげ 金花糖 鯛 ¥430～4,320

金花糖 唐津くんち曳山・野菜類・縁起物 ¥430～648

☎ 0955-72-4406

唐津市魚屋町2006

昼11:00～18:00

夜(ビストロ)19:00～24:00

㊡ 不定休

NAGASAKI

長崎

長崎市
西海市
佐世保市
平戸市
松浦市
諫早市
大村市
島原市
雲仙市
南島原市
五島市
新上五島町

長崎市・西海市

グラバー園

gurabaen

1 グラバー園〔長崎市〕

2 長崎孔子廟中国歴代博物館〔長崎市〕

国内最大の孔子坐像を祀る大成殿や七十二賢人の石像は、圧巻で荘厳な雰囲気が漂っています

3 眼鏡橋〔長崎市〕

石で作られたアーチ状の橋。両岸の石の中にハートの形をした石が1つあります

[グラバー園]

小高い丘を登りながら、冒険商人トーマス・グラバーの旧邸宅をはじめ9棟の洋館を見学していきます。居留地時代の面影を残す石畳や石段からも長崎の歴史が感じられます。さらに、稲佐山を背景に長崎港を一望できる絶好のロケーションが最高です

Access

長崎市南山手町8-1

JR長崎駅前から路面電車で約7分、新地中華街で乗換約4分、大浦天主堂下車、徒歩で約7分
JR長崎駅前からバスで約20分、グラバー園下車、徒歩で約6分

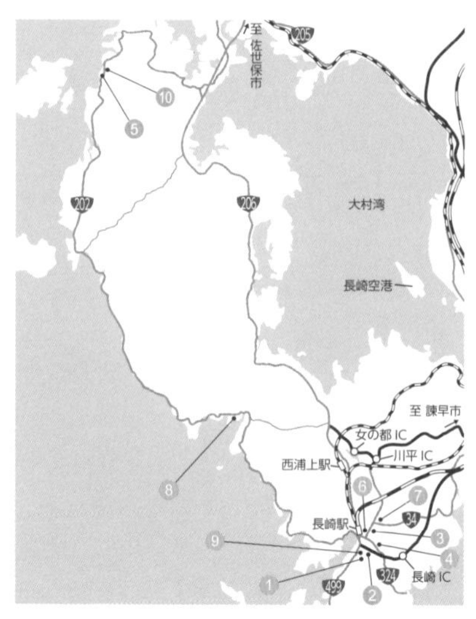

④ ツル茶ん 本店

オススメ
昔なつかしトルコライス¥1,680
元祖、長崎風ミルクセーキ¥780

☎ 095-824-2679
長崎市油屋町2-47
10：00 ～ 21：00
休 不定休

⑤ みなとの食堂 ひろ

オススメ
シマ鯵どん丼¥1,540
地魚ぶっ込み丼¥1,430

☎ 0959-32-9560
西海市西海町太田和郷3288-12
11：00 ～ 15：00（LO14：30）*夜は予約のみ
休 月曜、第1火曜（シケ日も）

⑥ キッチン 政

オススメ
野郎丼ミックス¥850
トルコライス¥770

☎ 095-823-9509
長崎市五島町1-4
11：00 ～ 15：00
17：00 ～ 21：00
休 日曜

⑦ 平井餅まんじゅう

オススメ
おみやげ かんころ餅¥1,080
甘酒まんじゅう¥130

☎ 095-821-7961
長崎市新大工町2-22
8：30 ～ 18：00
休 不定休

⑧ 水産食堂

オススメ
海鮮丼¥1,200
刺身定食¥1,150

☎ 095-850-3751
長崎市京泊3-3-1
6：00 ～ 14：00
（刺身類の提供は7：00より）
休 日曜

⑨ 中華料理 四海楼

オススメ
ちゃんぽん¥1,320
皿うどん¥1,320

☎ 095-822-1296
長崎市松が枝町4-5
11：30 ～ 15：00（最終入店14：30）／17：00～20：00（最終入店19：30）
休 不定休

⑩ 活魚料理 小安丸

オススメ
おみやげ よくばり丼¥1,760
あなたを骨抜き海鮮丼（冷凍食品）¥650

☎ 0959-32-9500
西海市西海町太田和郷3852-12
11：00 ～ 15：00（LO14：00）
休 月曜、不定休あり

長崎市

端島（軍艦島）

hashima (gunkanjima)

① 端島（軍艦島）

島内には小中学校や病院などが完備され、映画館やパチンコホールなどの娯楽施設もありました。1960年の最盛期には、約5300人の住民が暮らしており、当時、日本一の人口密度を誇っていました

［端島（軍艦島）］

世界遺産に登録されている廃墟となった炭鉱の島です。長崎港から直行の船が出ています。島に上陸すると、行動できるルートは決められていて、廃墟が並んでいる居住地域などへは入ることができません。遠景で見ると、確かに軍艦だなとわかります

Access

長崎市高島町端島

長崎港から軍艦島上陸ツアー船に乗船、約40分

*軍艦島へ上陸するには各船会社が運航している軍艦島上陸ツアーに参加する必要があります（天候等により上陸できない場合があります）

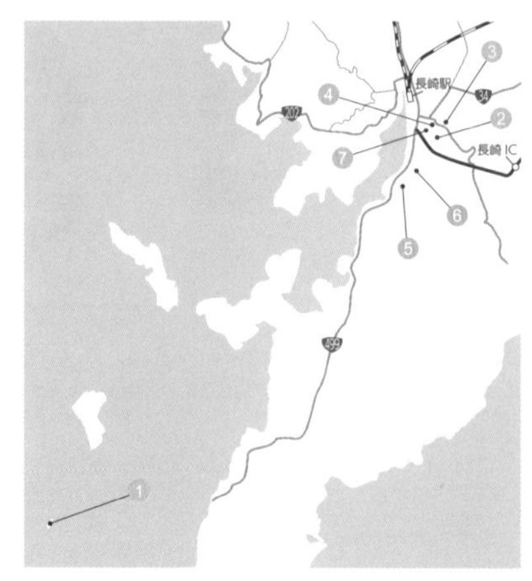

② レストラン プリムローズ

オススメ
トルコライス¥950（ランチ）トリプルトルコライス（エビフライ）¥1,500（ランチ）

☎ 095-829-2115 長崎市古川町3-3
11：30～15：30（LO15：00）
18:00～21:30(料理LO20:30、ドリンクLO21:00)
休 不定休

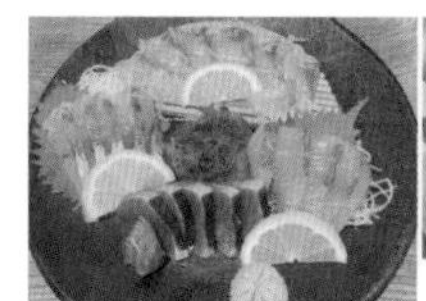

＊写真は1人前

③ バラモン食堂

オススメ
鮮魚4種盛り¥2,250
五島うどん地獄炊き（2人前）¥1,650

☎ 095-895-8218
長崎市万屋町6-29
11：00～15：30（LO15：00）
17：00～22：00（LO21：30）
＊金・土曜は23：00まで（LO22：30）
休 月曜、第3火曜 ＊ほか臨時休業あり

④ 角煮家 こじま 本店

オススメ
角煮まん¥518
角煮¥648

☎ 095-822-7811
長崎市銅座町6-12
9：00～21：00
休 12/30～1/3

⑤ 鍋冠山公園からの夜景

長崎夜景の展望スポットです。長崎港と長崎市街の景色を一望できます

⑥ 長崎の坂道

長崎には坂の名所がたくさんあります。坂の風情が素晴らしいです

⑦ 中国菜館 江山楼 中華街新館

オススメ
特上ちゃんぽん¥2,310
とんぽうろう（東坡肉）¥1,980 ＊饅頭とお肉 各2個のセット

☎ 095-820-3735 長崎市新地町13-13
11：00～15：00（平日11：30～15：00）
17：00～20：30（受付終了20：00）
＊受付終了時間は状況により変更あり
休 月曜、他1日、年末年始 ＊公式HPにて掲載

佐世保市・平戸市

ハウステンボス

huistenbosch

© ハウステンボス／J-21363

ウォーターガーデン（夜）

❶ ハウステンボス〔佐世保市〕

❷ 展海峰〔佐世保市〕

展望台からは眼下に広がる九十九島と佐世保港が間近に楽しめます

[ハウステンボス]

大村湾に面した広大な敷地に広がるハウステンボスは、オランダの美しい街並みと季節の花が楽しめるテーマパークです。季節ごとにさまざまなイベントも開催され、夜には幻想的なイルミネーションで訪れる人々を魅了します

Access

佐世保市ハウステンボス町

JRハウステンボス駅から徒歩で約5分
長崎自動車道東そのぎICから車で約25分
西九州自動車道大塔ICから車で約10分

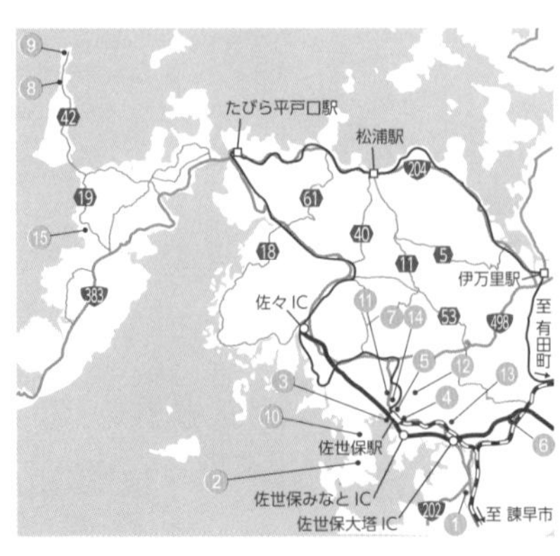

③ ハンバーガーショップ ヒカリさせぼ五番街店

オススメ
スペシャルバーガー¥780
ジャンボチキンスペシャルバーガー¥840

☎ 0956-22-0321
佐世保市新港町3-1
10:00〜21:00(OS20:45)
休 1/1、1/2

④ 香蘭

オススメ
長崎ちゃんぽん¥1,000
長崎皿うどん¥1,050

☎ 0956-24-5803
佐世保市三浦町21-27
10:30〜18:00
＊材料終わり次第営業終了
休 月曜(祝日の場合は翌日休業)

⑤ 志げる製菓舗

オススメ
おみやげ SASEBO BOLO ¥120
NANA MILK ¥180

☎ 0956-22-7274
佐世保市三浦町1-23
月〜土曜9:00〜19:00
日曜10:00〜18:00
休 不定休

⑥ 下町の洋食 時代屋

オススメ
スペシャルレモンステーキ
(サラダ・スープ・ご飯付) ¥2,640
ビーフシチューセット
(サラダ・スープ・ご飯付) ¥2,640

☎ 0956-30-7040 佐世保市吉福町172-1
11:00〜14:30 (OS14:00)
17:00〜21:30 (OS21:00)
休 月曜 (祝日の場合は翌日休業)

⑦ レストラン 蜂の家

オススメ
レモンステーキセット¥2,820
シュークリームセット¥890

☎ 0956-24-4522
佐世保市栄町5-9
11:30〜14:30／17:30〜19:45
＊14:30〜17:30喫茶のみ営業
休 不定休、年末年始 ＊月曜はランチタイムのみ営業

⑧ 塩俵の断崖〔平戸市〕

生月大橋付近から塩俵を結ぶ道路は「サンセットウェイ」と呼ばれ、東シナ海に沈む美しい夕陽を眺めながらドライブができる絶景ロードとして知られています

⑨ 大バエ灯台〔平戸市〕

平戸市生月島の最北端、切り立つ断崖の上に立つ白亜の灯台です。360度パノラマの展望と、雄大ですばらしい景観を満喫できます

⑩ 石岳展望台〔佐世保市〕

映画「ラストサムライ」の一場面が撮影された場所です。九十九島の景色は日中も素晴らしいですが、特に夕景は最高です

⑪ 九十九島せんぺい本舗 松浦店

オススメ
おみやげ **九十九島せんぺい**
12枚入¥1,080 24枚入¥2,160

☎ 0956-22-9109
📍 佐世保市松浦町2-21 九十九島ビル 1F
🕒 9：30 ～ 18：00
㊡ 1/1

⑫ クラージュ

オススメ
ビーフシチュー¥2,200
ビーフシチューオムライス¥1,760

☎ 0956-34-5313
📍 佐世保市山祇町183
🕒 11:00 ～ 14:00（LO）／ 17:00 ～ 20:00（LO）
＊要電話予約
㊡ 水曜

⑬ KORON
SaseboBurger&Cafe

オススメ
KORON Burger ¥1,300
護衛艦はるさめ牛すじ
石焼カレー¥800

☎ 090-1342-5602
📍 佐世保市日宇町2578-8
🕒 12：00 ～ 17：00
＊なくなり次第終了
㊡ 月・火曜

⑭ 岩崎本舗
佐世保三ヶ町店

オススメ
おみやげ **長崎角煮まんじゅう¥500**
白バーガー¥750

☎ 0956-37-1070
📍 佐世保市常盤町6-1
🕒 9：00 ～ 19：00
㊡ なし

⑮ 人津久（ひとつく）
海水浴場〔平戸市〕

天気の良い日は、透き通った海と白い砂浜の美しさに感動します

アジフライの聖地

鯵の水揚げ量日本一を誇る松浦市のアジフライはふっくら肉厚、サクサクでジューシー！

道の駅 松浦 海のふるさと館

オススメ
おみやげ 冷凍フライアジ ¥1,000～

☎ 0956-72-2278
松浦市志佐町庄野免226-30
8:00～19:00
休 なし

きらく

オススメ
極旨こだわり鮮魚のアジフライ定食 ¥1,420

☎ 0956-74-0361
松浦市今福町東免1-11
水～金曜11:00～15:00(LO14:30)、土日11:00～16:00(LO15:30)、木～日曜17:00～22:00(予約制1日3組まで)
＊当日予約は16:30まで
休 月・火曜

えんまき水産加工場直売所

オススメ
おみやげ ENMAKI PREMIUM あじフライ ¥1,200

☎ 0956-72-3434
松浦市調川町下免851-54
10:00～16:00
休 日～金曜
＊土曜のみ営業

居酒屋雅

オススメ
アジフライ ¥1,100

☎ 0956-72-3844
松浦市志佐町浦免1528
11:00～22:00
休 日曜

大漁レストラン旬

オススメ
旬(とき)あじ定食 ¥1,500

☎ 0956-59-6544
松浦市調川町下免695(松浦魚市場内1F)
10:30～14:00(OS13:30)
休 松浦魚市の休日が店休日

海道

オススメ
マグロ丼とアジフライ定食 ¥2,000

☎ 0955-48-2950
松浦市鷹島町神崎免91-7
11:00～14:00
17:00～22:00
休 水曜、日曜の夜

諫早市・大村市

フルーツバス停

furutsubasutei

① フルーツバス停［諫早市］

© 長崎県観光連盟、撮影：満井氏

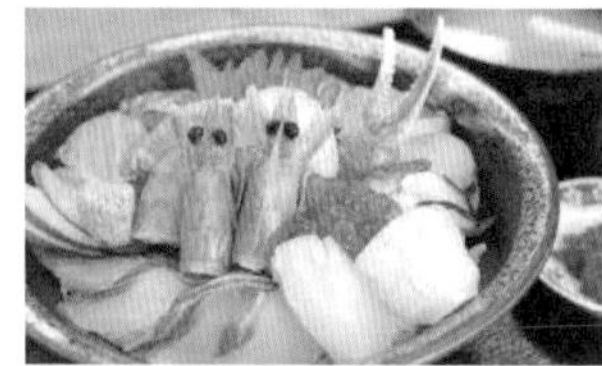

② 竹野鮮魚

オススメ

魚屋の海鮮丼¥1,800
職人おまかせ刺身定食¥1,400

☎ 0957-23-1795
諫早市永昌東町3-13 グランコート諫早駅前1F
鮮魚部9：30～14：30、ランチ10：30～14：00
㊡ 日曜、不定休

③ 福田屋

オススメ

並うなぎ定食¥3,290
特上うなぎ定食¥5,290

☎ 0957-22-0101 諫早市栄町1-13
月・水～金曜11：00～14：00／17：00～19：00
土曜11：00～20：00、日曜11：00～19：00
＊LOは営業終了の15分前 ㊡ 火曜、不定休

［フルーツバス停］

イチゴ、メロン、ミカン、スイカ、トマトをモチーフにした「フルーツバス停」が国道沿いを中心に16ヶ所設置されています

所在地

諫早市小長井町国道207号線沿い

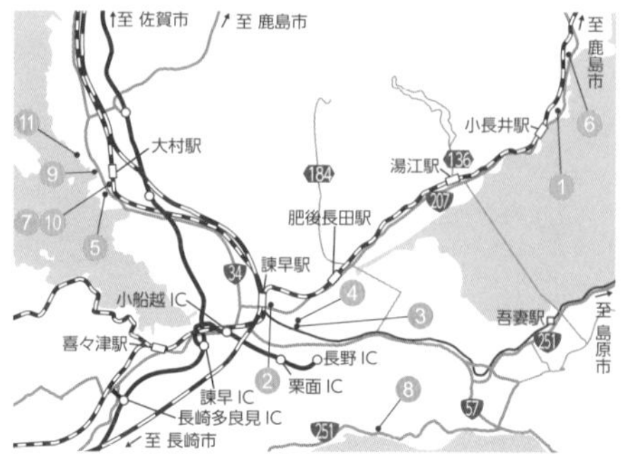

④ 菓秀苑森長 本店

オススメ
おみやげ 黒おこし（8枚入）￥378
カステラざんまい（3枚）￥464

☎ 0957-22-4337
諫早市八坂町3-10
9：00 ～ 18：00
休 1/1

© 長崎県観光連盟

⑤ 大村公園（花菖蒲）
［大村市］

約30万本の花菖蒲が公園内を埋め尽くします

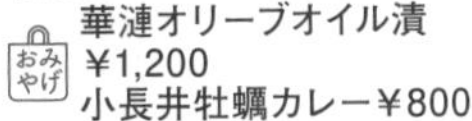

⑥ 諫早湾漁協 小長井直売店

オススメ
おみやげ 華漣オリーブオイル漬￥1,200
小長井牡蠣カレー￥800

☎ 0957-34-2336
諫早市小長井町遠竹816-3
9：00 ～ 17：00
休 第1・3火曜

⑦ 元祖大村角寿司やまと

オススメ
おみやげ 角ずし定食￥1,300
角ずし５ヶ入（持帰り用）￥864

☎ 0957-52-3546
大村市本町474-5
10：00 ～ 20：00（LO19：30）
持ち帰り8：00 ～ 20：00
休 火曜、第2・4水曜

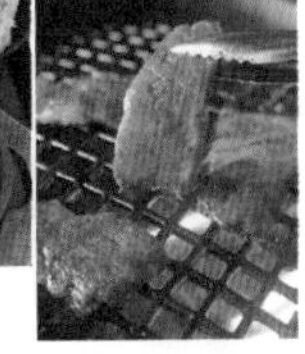

⑧ 焼肉 おがわ

オススメ
焼肉定食￥1,430
Cランチ￥3,330

☎ 0957-28-2939
諫早市松里町1285-1
月～水曜11：00 ～ 15：00（LO14：30）
土日祝11：00 ～ 14：00（LO13：30）
17:00～22:00(LO21:00) ＊金曜はランチ休み
休 木曜、月に1回水曜休み

⑨ てんぷら てんよし

オススメ
スペシャル海老天丼
￥1,450 上天丼￥1,650

☎ 0957-50-1223
大村市水主町1-747-1
11：30～14：00（LO13：30）
17：30～20：30（LO19：30）
＊材料がなくなり次第営業終了
休 不定休

⑩ 浦川豆店本店

オススメ
おみやげ 塩ゆで落花生500g￥1,000
味付け落花生￥700

☎ 0957-52-2432
大村市西本町478-11
7：00 ～ 19：00
休 不定休

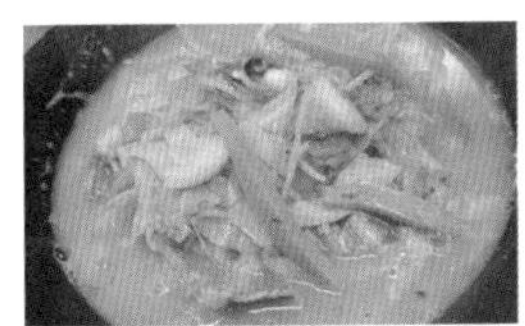

⑪ 協和飯店

オススメ
ちゃんぽん￥980
ダル麺￥950

☎ 0957-52-6143
大村市森園町1590-2
月～金曜11：00 ～ 22：00（LO21：30）、土日祝10：00～22：00（LO21：30）
休 不定休

島原市・雲仙市・南島原市

海の見える駅 大三東駅

uminomierueki omisakieki

❶ 大三東駅［島原市］　© 長崎県観光連盟

© 長崎県観光連盟

❷ お糸地獄（雲仙地獄）［雲仙市］

雲仙地獄のうちの1つ。噴気孔から真っ白い水蒸気がもくもくと噴き上がっています

© 長崎県観光連盟

仁田峠から妙見山頂へロープウェイが運航しています。赤や黄、深緑に色づいた紅葉を楽しみながら、妙見岳の景色を堪能できます

❸ 仁田峠の紅葉と雲仙ロープウェイ［雲仙市］

［大三東駅］

島原鉄道大三東駅は「日本一海に近い駅」といわれており、開放的なホームからは一面に広がる有明海を眺めることができます

＊大三東駅前には駐車場はありません

Access

島原市有明町大三東丙135-2

島原鉄道：諫早駅から約60分、
島原駅から約10分

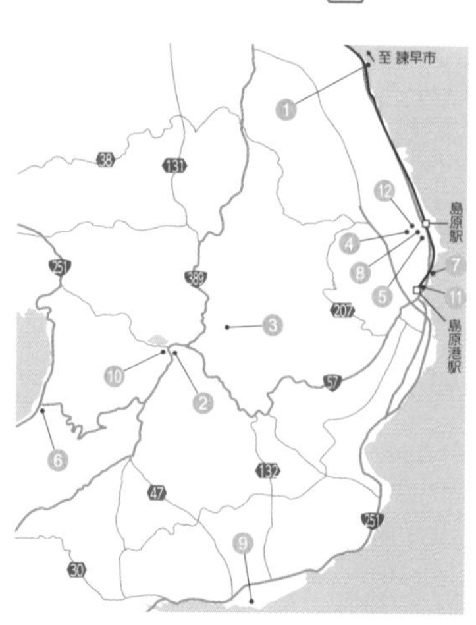

④ 元祖 具雑煮 姫松屋 本店

オススメ
具雑煮定食¥1,450～
カツ丼¥800

☎ 0957-63-7272
📍 島原市城内1-1208- 3
🕒 11：00～19：00（LO18：00）
＊6、7月は平日のみ11：00～18：00（LO17：00）
㊡ 第2火曜（変更の場合あり）

⑤ ほうじゅう

オススメ
フグコース¥4,000
定食（フグ寿司、具雑煮、かんざらし）¥1,400

☎ 0957-64-2795
📍 島原市新町2-243
🕒 11：00 ～ 23：00
㊡ 12/31、1/1

⑥ 食楽 大盛

オススメ
チャンポン¥800
ターボライス¥950

☎ 0957-74-2470
📍 雲仙市小浜町南本町23-14
🕒 11：30～14：00／17：30～19：30 ＊都合により現在は昼のみ営業中（2024年5月）
㊡ 不定休

⑦ 平野鮮魚店

オススメ
海鮮丼¥1,210
SP海鮮丼¥2,200

☎ 0957-62-4644
📍 島原市中組町257-1
🕒 11：30 ～ 14：30（OS14：15）
㊡ 水曜

⑧ お料理まどか

オススメ
鯛の塩煮¥1,320
天ぷら盛り¥1,980

☎ 0957-64-8677
📍 島原市万町516
🕒 17：30 ～ 24：00（LO23：00）
㊡ 日曜（月曜が祝日の場合は日曜営業、月曜休みの場合あり）

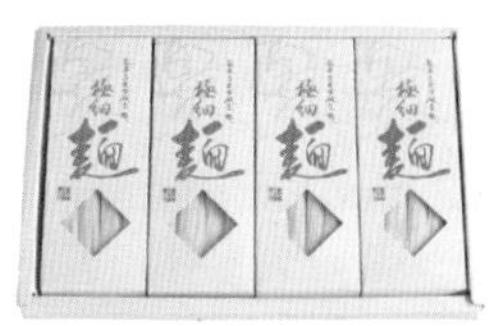

⑨ 高橋正製麺所

オススメ
おみやげ
極細そうめん16束入¥2,800 飾りそうめん（曲げ麺）¥3,850

☎ 0957-82-8235
📍 南島原市西有家町140-1
🕒 9：00 ～ 17：00
㊡ 日曜

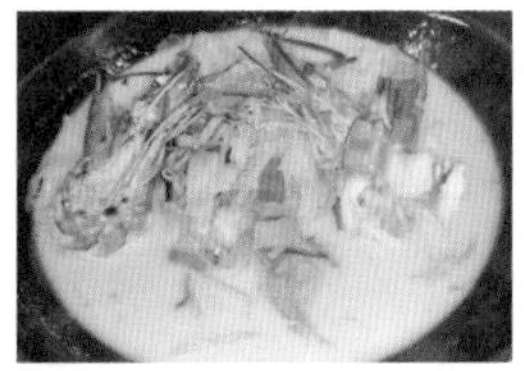

⑩ 御食事処 絹笠食堂

オススメ
雲仙海鮮エビちゃんぽん¥1,300 雲仙茸（きのこ）ちゃんぽん¥800

☎ 0957-73-3491
📍 雲仙市小浜町雲仙376
🕒 11：00 ～ 21：00
㊡ 水曜

⑪ いけすろばた 佐藤

オススメ
刺身盛合わせ¥1,300
すりみ揚げ¥550

☎ 0957-63-1156
📍 島原市湊町40
🕒 18：00 ～ 23：00
㊡ 不定休

© 長崎県観光連盟

⑫ 島原城（天守閣）

［島原市］📷

安土桃山期の築城様式を取り入れた壮麗な面影を残す歴史的な城跡です。現在、城内の建物はキリシタン史料館、北村西望記念館、民具資料館などに利用されています

五島市・新上五島町

大瀬埼灯台

osezakitodai

❶ 大瀬埼灯台〔五島市〕

❷ 辞本涯（じほんがい）の碑〔五島市〕

空海の偉徳を顕彰するため、柏崎公園内に「日本の最果ての地を去る」という意味の「辞本涯」という文字が刻まれた碑が建立されています

高浜海水浴場から一つ山を越えた隣の海水浴場です。透明度が高く、浜が三角形になっていて、遠浅が長く続いています

❸ 頓泊（とんとまり）海水浴場〔五島市〕

[大瀬埼灯台]

断崖絶壁の上に建つ灯台で、展望台は3か所あります。展望台から眺める白亜の灯台と東シナ海に沈む夕陽は、息を呑むほど美しいです

Access

五島市玉之浦町玉之浦

福江港から展望所まで車で約55分
遊歩道近くの駐車場から徒歩で往路約20分（下り道）、復路約40分（上り道）

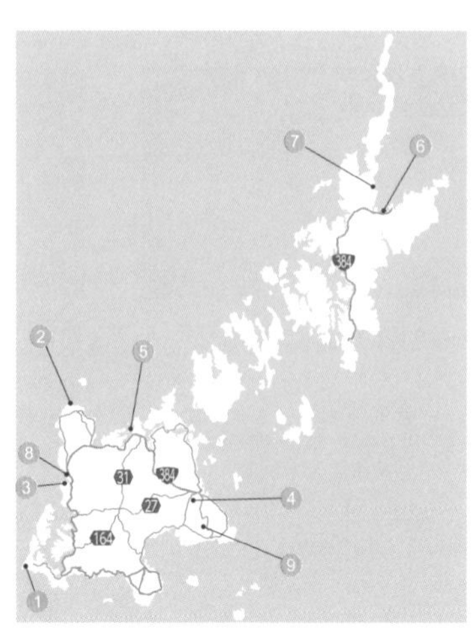

④ 真島餅店

オススメ
おみやげ かんころ餅290g ¥918
〃 190g ¥648

☎ 0959-72-2588
📍 五島市三尾野町1160-4
🕒 9：00 ～ 17：00
㊡ 木曜

⑤ 魚津ヶ崎（ぎょうがさき）公園［五島市］

福江島の北端の中央部にある公園。四季折々の花々が咲き、海岸は岩礁が連なっています

⑥ 麺's はまさき

オススメ
🍴 五島うどん地獄炊き¥750
海鮮丼¥1,650

☎ 0959-42-3388
📍 南松浦郡新上五島町有川郷2427-16
🕒 11：00 ～ 14：00
18：00 ～ 21：00
＊火曜は11：00 ～ 14：00
㊡ 水曜

⑦ 五島列島の小さな菓子工房 花野果

オススメ
おみやげ かんころ餅¥590
かりころ餅¥1,080

☎ 0959-42-5670
📍 南松浦郡新上五島町丸尾郷968-6
🕒 土曜のみ営業10:00～14:00

⑧ 高浜海水浴場［五島市］

白い砂浜と水平線まで続くコバルトブルーの大海原が広がり、浅瀬は透明度抜群のエメラルドグリーン色の海水浴場です。南国の島といえるほど、とても美しいです

⑨ 鬼岳［五島市］

福江島のシンボル。全体が草原で丸みを帯びたやわらかな山です

beauti ful! → 長崎ランタンフェスティバル

眼鏡橋周辺は
ランタンが黄色

長崎の冬の風物詩 ランタンフェスティバル

市内中心部は、約15,000個のランタン(中国提灯)と各会場のさまざまなオブジェで幻想的な光に彩られます。中国の旧正月を祝う行事「春節祭」を起源とし、本場中国の風情たっぷりの人気イベントです

頭上に埋め尽くす
深紅のランタン

ながさき恋ランタン

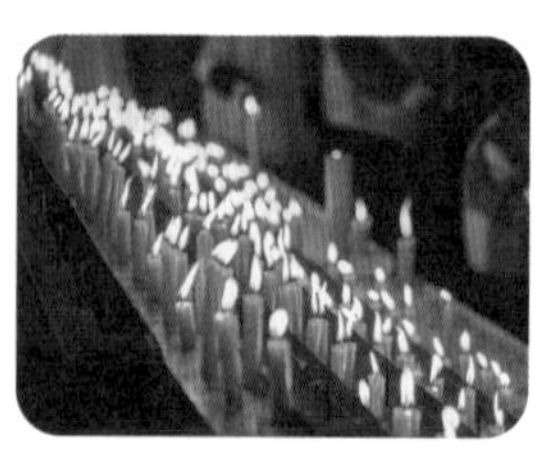

ロウソク祈願四堂巡り

写真提供:
(一社)長崎県観光連盟

OITA

大分

国東市
豊後高田市
杵築市
中津市
九重町
日田市
玖珠町
由布市
竹田市
豊後大野市
別府市
大分市
臼杵市
佐伯市
津久見市

OITA

国東市・豊後高田市・杵築市

両子寺の仁王門

futagoji no niomon

❶ 両子寺の仁王門［国東市］

❷ 林田かまぼこ

オススメ

おみやげ 姫だこ天¥648
はもの皮巻¥1,512

☎ 0978-72-0450
国東市国東町田深363
8：00～17：00
㊡ 日曜

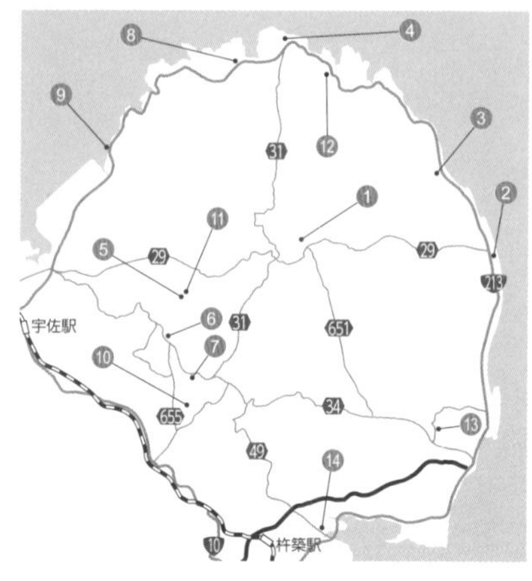

［両子寺］

紅葉と子宝授かりの祈願で知られる両子寺は、両子山の中腹に位置しています。広大な境内は「全国森林浴の森百選」にも選ばれています。参道にそびえ立つ仁王像は、その姿と大きさが国東一と称され、その迫力に心を打たれます

Access

国東市安岐町両子1548

JR宇佐駅から車で約30分
杵築ICから車で約30分

❸ 松風

オススメ
たこちゃんぽん¥1,400
姫だこカレーライス¥1,400

☎ 0978-74-1200
📍 国東市国東町富来浦699-19
🕒 11：30～15：00／17：00～21：00
㊡ 火曜

❹ 涛音寮 茶房さんがいや

オススメ
たこめし御膳（さしみ付）¥2,200
あんみつパフェ¥990

☎ 0978-82-1328
📍 国東市国見町伊美2017
🕒 9：00～17：00
＊ランチタイム11：30～14：30（LO）
㊡ 火曜（祝日の場合は開館）

❺ 榧の木（かやのき）

オススメ
田舎定食¥1,250
山菜定食¥1,050

☎ 0978-26-2351
📍 豊後高田市田染蕗2421-2
🕒 9：00～15：00
㊡ なし（臨時休業はfacebookでご確認ください）

❻ 元宮磨崖仏［豊後高田市］📷

岩壁に6体の立体が半肉彫りにされており、鎌倉時代末期～室町時代初期の作と伝えられています（国指定史跡）

❼ 三の宮の景［豊後高田市］📷

豊後高田市と杵築市の境、田染地区にそびえる奇峰が連なる景勝地です

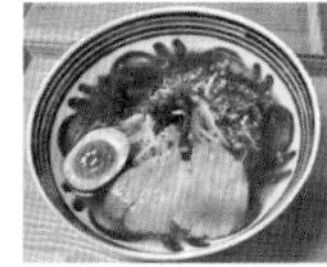

❽ ラーメン・カフェ明星

オススメ
くにさき鶏がら醤油ラーメン¥700 国東生キクラゲ餃子（5個）¥390

☎ 0978-84-0789
📍 国東市国見町竹田津3580-5
🕒 11：00～14：00
17：00～19：00
＊夜は事前予約により延長可
㊡ 木曜（祝日は営業）

❾ 真玉海岸［豊後高田市］📷

大分県の海岸で夕日が水平線に沈む唯一の海岸です。干潮と日の入が重なる日には縞模様の砂浜が現れ、夕日とのコラボレーションがとても素敵です

⑩ 熊野磨崖仏（くまのまがいぶつ）〔豊後高田市〕

長く続く石段を登っていくと、巨岩の壁に不動明王と大日如来が刻まれています。大日如来は平安時代後期、不動明王は鎌倉時代前期の作といわれており、国内最大級の磨崖仏です

⑪ 富貴寺（ふきじ）〔豊後高田市〕

九州最古の木造建築物で平安時代に建てられました。楼閣風の寺院で、大堂内には極楽浄土の世界を描いた壁画が施されています

⑫ 国見ふるさと展示館 城山亭

オススメ
城山ご膳￥1,000
黒米大福（お持ち帰り品）￥500

☎ 0978-83-0321
国東市国見町岐部536
11：00～15：00（LO14：30）
（国見ふるさと展示館は9：00～17：00開館）
㊡ 月～水曜（国見ふるさと展示館は水曜）

⑬ 料亭助六・お食事処ぶんご

オススメ
国東地だこの助六たこ天丼￥950
ぶんご定食（梅）￥1,300

☎ 0978-67-0022
国東市国東町富来浦699-19
11：00～14：00（OS13：30）＊週末は要予約
17：00～22：00（OS21：00）
㊡ 水曜、日曜の夜

⑭ 塩屋の坂・杵築城下町〔杵築市〕

江戸時代の武士や町人たちの暮らし、町の情景を垣間見ることができる貴重な町並みです

中津市

青の洞門

aonodomon

❶ 青の洞門

ハモのしゃぶしゃぶ

❷ 筑紫亭

オススメ
お昼膳コース¥10,000 ¥8,000
(税サ込) 昼・夜 懐石料理コース
¥15,400 ¥20,900 ¥27,500(サ別)

☎ 0979-22-3441
中津市枝町1692
12:30 ~ 13:30 (LO)
18:00 ~ 20:30 (LO)
㊡ 月曜

[青の洞門]
江戸時代、この道を通行するのは大変危険でした。耶馬渓へ立ち寄った僧侶が雇った石工たちとノミと槌で30年余かけて完成させた手掘りのトンネルです。現在、原型はかなり失われてしまいましたが、当時の面影を残すノミ跡が残っています

Access
中津市本耶馬渓町曽木

中津ICから車で約20分
日田ICから車で約40分

❸ からあげの鳥しん

オススメ

骨なしからあげミックス100g(約3個) ¥320
手羽先約60g（1本） ¥180

☎ 0979-23-5232
中津市宮夫218-1
11：00 ～ 19：00
㊡ 月曜

❹ 一目八景展望台

耶馬渓観光の一番の見どころです。切り立った岩山が紅葉時は赤く染まります。駐車場から近い場所に展望台が設置されていて、周りの景色が堪能できます

❺ チキンハウス 中津本店

オススメ

からあげ定食（上） ¥950
ももから定食¥900

☎ 0979-22-6266 中津市中央町2-7-61
11：00 ～ 14：00
＊テイクアウト10：00 ～ 19：30
㊡ 水曜

❻ 生本まぐろ炊き餃子井上

オススメ

お昼のセット¥2,800
海鮮どんぶり¥2,300

☎ 0979-23-8411 中津市豊田町8-7
11：00 ～ 14：00
＊夜は前日までの完全予約制
㊡ 不定休

❼ あげ処 ぶんごや

オススメ

骨なしミックス100g ¥290
せせり100g ¥320

☎ 0979-64-6550
中津市上宮永2-146-1
11：00 ～ 19：30
㊡ 月曜（祝日の場合は翌日休業）

❽ 耶馬渓リフト

約3分で羅漢寺駅、約6分で山頂駅につきます。展望台からは、天気がよいと豊前海・英彦山から阿蘇山まで見ることができます

⑨ 福澤諭吉旧居・福澤記念館

福澤諭吉旧居は諭吉が長崎に遊学するまでの幼少青年期を過ごした家で、自ら改造し勉学に励んだ土蔵が残っています。また隣接する福澤記念館には、福澤諭吉の書・手紙・写真などのほか、父百助の書や関係する人々の資料、一万円札の1号券などが展示されています

⑩ 道の駅 なかつ

オススメ
壱万円札おせんべい¥594
からあげ定食¥880

☎ 0979-64-8830
中津市加来814
[直売所]
3～10月9：00～19：00
11～2月9：00～18：00
[レストラン]
月～金曜10：00～17：00
土日祝10：00～18：00
[情報休憩室]
9：30～18：15
㊡ 無休

⑪ 中津からあげ もり山 万田本店

オススメ
骨付からあげ100g¥280
骨なしからあげ（モモ）100g¥300

☎ 0979-24-2222
中津市万田566-5
11：00～20：00
㊡ 不定休

⑫ 武庵 花福

オススメ
はも添え花めん¥1,280 鱧めし弁当（花福別館・月蔵）¥1,200 ＊ランチメニュー

☎ 0979-24-3901
中津市蛎382
火～土曜11：30～14：00／17：00～22：00
日曜11：30～15：00
㊡ 月曜

九重町・日田市・玖珠町・由布市

九重“夢”大吊橋

kokonoe yume ootsurihashi

❶ 九重“夢”大吊橋〔九重町〕

❷ 桜滝〔日田市〕

JR天ヶ瀬駅の裏にあり、桜滝遊歩道を徒歩約10分です

❸ 龍門の滝〔九重町〕

松木川沿いの竜門寺の境内にあります

❹ 慈恩の滝〔玖珠町〕

日田市天瀬町と玖珠郡玖珠町の境に位置し、上段下段と合わせて約30mの落差がある二段滝です

[九重“夢”大吊橋]

長さ390m、高さ173mの日本一高い歩道の吊り橋です。橋の上からの景色は壮観で、日本の滝百選の1つである「震動の滝」や、新緑と紅葉の名所である「九酔渓」を望むことができます

Access

玖珠郡九重町田野1208

九重ICから車で約20分

⑤ 食事処 春日（春日うどん）

オススメ
大分冠地どり釜飯¥1,450
特上天ぷらうどん¥1,210

☎ 0973-76-2960
玖珠郡九重町粟野1140-1
11：00 ～ 20：00
㊡ 不定休

⑥ 由布まぶし 心 金鱗湖本店

オススメ
豊後牛まぶし¥2,950
地鶏まぶし¥2,750

☎ 0977-85-7880
由布市湯布院町川上1492-1
10：30 ～ 18：30
㊡ 不定休

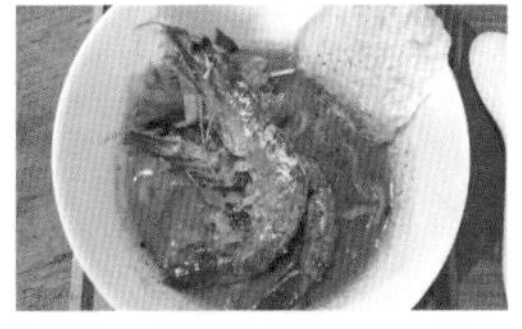

⑦ ロッソ エ ビアンコ

オススメ
ビアンコ¥1,500
ローザ¥1,500

☎ 0977-84-5588
由布市湯布院町川上1608-6
11：30 ～ 15：00
㊡ 木曜 ＊不定期で水・金曜お休みします

⑧ 由布院 甘味茶屋

オススメ
ローストビーフと天ぷら定食¥2,100
ふるさと定食¥1,400

☎ 0977-85-8794
由布市湯布院町川南113-12
10：00 ～ 17：00（LO 16：30）
㊡ 水曜

⑨ 今泉堂

オススメ
おみやげ
黒糖揚げまんじゅう¥152～
ショコラどら焼き¥464（チョコ・抹茶・ストロベリー・オレンジ・バナナ）

☎ 0977-84-4719
由布市湯布院町川上1608-1
9：30 ～ 17：00
㊡ なし

⑩ 金賞コロッケ 本店

オススメ
おみやげ
金賞コロッケ¥200
チーズコロッケ¥200

☎ 0977-85-3053
由布市湯布院町川上1481-7
月～金曜9：00 ～ 17：30
土日9：00 ～ 18：00
㊡ なし

⑪ タデ原湿原［九重町］

阿蘇くじゅう国立公園内にある美しい湿原です。木道を歩いて湿原を一周することができます。駐車場も近くにあるので、ドライブの途中での息抜きの散歩に最適です

⑫ 男池（おいけ）湧水群〔由布市〕

阿蘇野川の源流に位置し、長い年月をかけて黒岳がろ過した水が湧き出ている湧水群です。水量が豊富で、休日には水を汲みに訪れる人々で賑わいます

⑬ 由布院ミルヒ本店

オススメ
おみやげ ケーゼクーヘン¥280
ミルヒプディング¥360

☎ 0977-28-2800
由布市湯布院町川上3015-1
10：30 ～ 17：30
休 なし

⑭ 榛の丘

オススメ
マルゲリータブファラ＆クアトロフォルマッジのハーフ＆ハーフ¥2,420

☎ 0977-85-4007
由布市湯布院町川北893-1
11：00 ～ 14：30（LO）
17：30 ～ 20：00（LO）
休 水曜（祝日の場合は営業）

⑮ 由布院 鞠智

オススメ
おみやげ 焼き立てどら焼き¥320
どら焼き5個入¥1,715

☎ 0977-85-4555
由布市湯布院町川上3001-1
月～金曜10：00 ～ 17：00
土日祝10：00 ～ 17：30
休 年に数回不定休

⑯ 旧豊後森機関庫公園〔玖珠町〕

昭和9年に久大本線の開通に合わせて完成した扇形の機関庫です。現在は公園として整備され、当時のままの機関庫と転車台として使われていたものが残されています。ノスタルジックな世界が広がり、とても素敵です

竹田市・豊後大野市

久住高原

kujukogen

❶ 久住高原［竹田市］

❷ 久住ワイナリーレストラン石窯工房

オススメ

ジェノベーゼピザ¥1,730
本日のパスタ¥1,380～

☎ 0974-76-1002
竹田市久住町大字久住字平木3990-1
11：00～17：00（年中無休）
※12～2月は11：00～16：30
㊡ なし

［久住高原］

大自然に囲まれ四季折々、多彩な表情が楽しめる人気のドライブスポット。毎年3月になると、枯れ草に火を入れて燃やす「野焼き」が行われ、草原が再生されます

Access

竹田市久住町大字久住

JR豊後竹田駅から車で約30分
大分ICから車で約60分

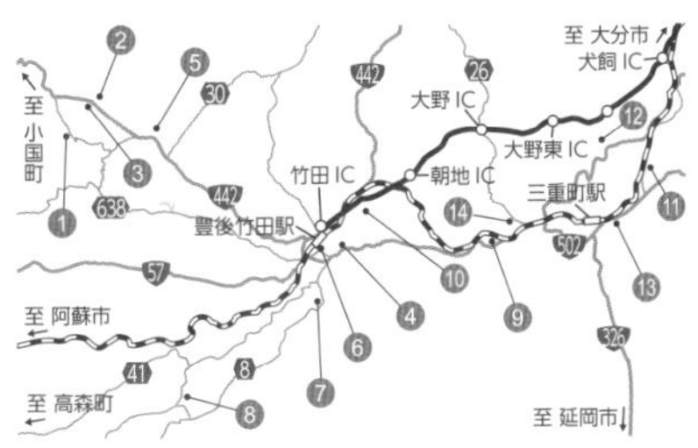

❸ くじゅう花公園〔竹田市〕📷

広大な敷地を誇り、四季折々に美しい花々が咲き誇る様子が楽しめます

❹ 岡城址〔竹田市〕📷

山を削って築かれたかのような荘厳な雰囲気を漂わせ、城壁の端に近づくと高さに足が震えます。本丸跡が中央に位置する、かなり細長い城址です

❺ とうふ工房・豆腐料理 花びし

オススメ
花びし御膳¥1,600
豆腐ステーキ定食¥1,100

☎ 0974-76-0727
竹田市久住町大字久住2339-2
11：30～15：00　㊡ 水・木曜

❻ 竹田郷土料理 魚町 友修

オススメ
えのは姿寿司¥1,100／頭料理（あたまりょうり）
¥2,200 ＊2名以上より要予約

☎ 0974-63-2254
竹田市竹田町284
11：30～14：00（LO13：45）
17：00～21：30（LO20：30）
㊡ 不定休（主に月曜）

❼ 御食事処 命水苑

オススメ
えのは御膳（9品）¥4,378
〃　（12品）¥5,478

☎ 0974-63-2163
竹田市入田20
11：00～17：00
㊡ 不定休 ＊電話で問い合わせ

❽ 白水の滝〔竹田市〕📷

4つの滝が横に並んだ珍しい滝で見ごたえがあります

❾ からあげ きよかわ 道の駅前店

オススメ
おみやげ **からあげ（大）モモ・ムネ1本 ¥350 とり天100g¥220**

☎ 0974-35-3666
豊後大野市清川町砂田1571
10：00～18：00
㊡ 火～木曜（祝日の場合は営業）

⑩ 普光寺磨崖仏（ふこうじまがいぶつ）［豊後大野市］

日本国内でも最大級の磨崖仏である不動明王像と、岩をくりぬいて建てられたお堂があります

⑪ いもの力屋

オススメ
おみやげ いも揚げパン¥150
いもレーヌ¥280

☎ 0974-22-0168
豊後大野市三重町芦刈38-1
9：00～17：30
休 水曜

⑫ ちとせや緑茶

オススメ
おみやげ ホルスタインドリンク¥500
こばらちゃん（たまご・やさい）各¥300

☎ 0974-27-5433
豊後大野市千歳町下山918-1
10：00～17：00
休 なし

⑬ 寿し虎

オススメ
おまかせコース¥2,750～

☎ 0974-22-7115
豊後大野市三重町赤嶺867
11：30～22：00 ＊要予約
休 不定休

⑭ 沈惰滝（ちんだのたき）［豊後大野市］

二段に重なったような滝が、とても不思議な風景を演出し、撮影スポットとしても大変人気です

別府市・大分市

別府温泉 竹瓦温泉

beppuonsen takegawaraonsen

❶ 竹瓦温泉［別府市］

別府温泉のシンボル的な存在で、唐破風造（からはふづくり）の豪華な屋根をもつ温泉です

❷ 観海寺温泉［別府市］ いちのいで会館

コバルトブルーの温泉に浸かりながら別府湾を一望できます

❸ 湯の花小屋［別府市］

わら葺き屋根の小屋で江戸時代より湯の花をつくり続けています

❹ ひょうたん温泉［別府市］

100年続く源泉100％かけ流しの温泉です

［別府温泉］

別府といえば温泉の街。市内には８つもの温泉地「別府八湯（はっとう）」があり、街中の至る所から湯けむりが立ち昇っています。別府は日本有数の源泉数と湧出量を誇ります

Access

別府市元町16-23

JR別府駅から徒歩で約10分
別府ICから車で約15分

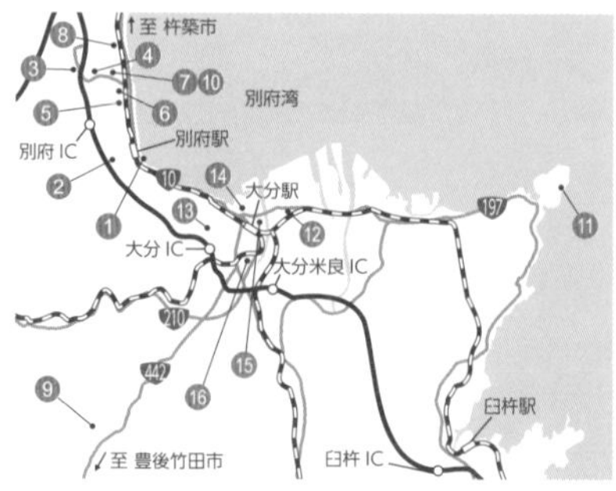

⑤ 割烹 平家

オススメ
大分郷土御膳［関あじ］¥3,720
〃 ［関さば］¥5,720
海鮮重御膳¥2,200

☎ 0977-24-7126 ◎ 別府市石垣東7-2-14
🕑 11：30～14：00／17：30～21：30（OS21：00）
㊡ 月曜（祝日の場合は翌日休業）、第3火曜

⑥ レストラン東洋軒

オススメ
本家とり天定食¥1,430
本家柚子とり天定食¥1,544

☎ 0977-23-3333 ◎ 別府市石垣東7-8-22
🕑 11：00～15：30（OS15：00）／17：00～22：00（OS21：00）＊土日祝15：00～17：00は本家とり天・本家柚子とり天（単品・定食）のみの営業
㊡ 第2火曜

⑦ 別府冷麺専門店 一休の泪

オススメ
別府冷麺¥750
鶏ねぎ温麺¥900

☎ 0977-25-3118
◎ 別府市石垣西10-5-7-1F
🕑 11：00～17：00
㊡ 木曜

⑧ 佐賀関食堂

オススメ
関あじ関さば御膳¥2,750
関の海鮮箱¥1,430

☎ 0977-85-7033 ＊受付時間 10：00～17：00
◎ 別府市亀川東町20-45
🕑 11：00～16：00（OS15：00）
17：00～21：00（OS20：00）
㊡ 木曜

⑨ 参勤交代道路 今市石畳道［大分市］📷

江戸時代の参勤交代の際に使われていた石畳道

⑩ 活魚回転寿司 水天・別府 石垣店

オススメ
平日限定ランチ由布¥2,310
青身三昧（活かんぱち・活鯵・活ぶり）¥649

☎ 0977-21-0465
◎ 別府市大字石垣西10-2954
🕑 月～金曜11：00～14：30／17：00～21：30
土日祝11：00～15：00／17：00～21：30
＊最終入店・ラストオーダーは閉店の30分前
㊡ 1/1

⑪ ビシャゴ岩（さがのせき）［大分市］📷

佐賀関半島の黒ヶ浜に浮かぶ2つの岩「ビシャゴ岩」。岩の間から昇る朝陽は絶景です

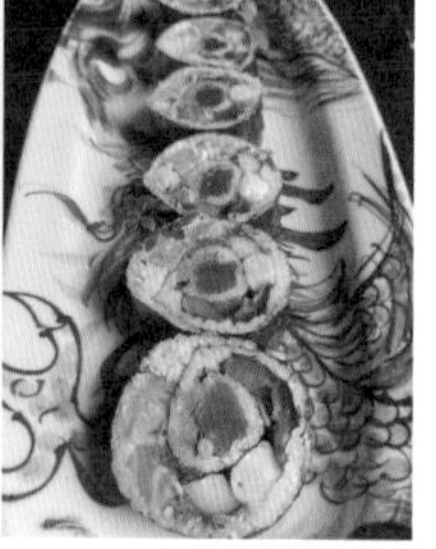

⑫ 割烹 誉 寿司

オススメ
極上握り¥3,300
十二単巻¥2,530

☎ 097-558-5708
大分市高城本町7-16
11:00〜14:00(LO13:30)
16:00〜22:00(LO21:00)
㊡ 水曜

⑬ 柞原八幡宮
（ゆすはらはちまんぐう）〔大分市〕

杉の木立に囲まれた厳かな雰囲気をもち、境内には、樹齢約3000年といわれる楠の巨木が鎮座しています。平安時代初期に宇佐八幡宮の分霊地として豊後一の宮とされ、国司・武家などの崇敬を集めた由緒ある神社です

⑭ 美味なかよし

オススメ
鳥天定食¥900
なかよしセット
(日替り+鳥天) ¥1,300

☎ 097-534-2234
大分市東春日町10-1
11:00 〜なくなり次第終了
㊡ 土日祝（ほか不定休あり）

⑮ まぐろ料理 ほとじま

オススメ
刺身の盛り合わせ(1人前)
¥1,600 *写真はおまかせ
まぐろステーキ¥1,050

☎ 097-534-0550
大分市大手町2-2-4 1F
11:00 〜 14:00
17:00 〜 22:00
㊡ 日曜

⑯ とんかつ ＆ とり天
しげのや食堂

オススメ
豊後鶏 とり天定食
¥1,090 人生最高のアジフライ定食¥1,190

☎ 097-511-3590 大分市田中町3-12-94大栄ビル
11:00 〜 15:00
18:00 〜 21:00
㊡ 水・木曜

臼杵市・佐伯市・津久見市

臼杵石仏（磨崖仏）

usukisekibutsu (magaibutsu)

❶ 臼杵石仏（磨崖仏）［臼杵市］

❷ 臼杵城跡（臼杵公園）［臼杵市］

臼杵城は臼杵湾に浮かぶ丹生島に永禄5年(1562年)に築かれました。明治に廃城となり、その城跡は現在臼杵公園として整備され、県内でも有数の「桜の名所」としても有名です

❸ 二王座歴史の道［臼杵市］

狭い路地のいたるところに立派な門構えの武家屋敷跡が点在し、歴史ある寺院が軒を連ね、城下町特有の雰囲気を色濃く残しています

[国宝臼杵石仏（磨崖仏）]

古園石仏大日如来像に代表される国宝臼杵石仏（磨崖仏）は、平安時代後期から鎌倉時代にかけて彫刻されたといわれています。その規模や数量、彫刻の質の高さにおいても、日本を代表する石仏群です

Access

臼杵市大字深田804-1

JR臼杵駅からタクシーで約20分
臼杵ICから車で約5分

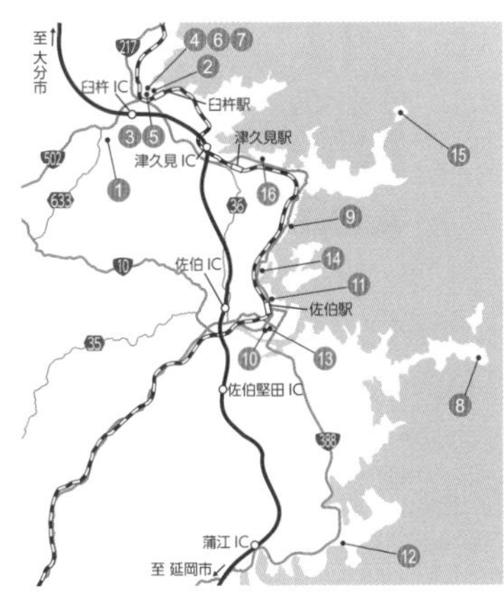

❹ ほり川母家

オススメ
ふぐミニ会席￥7,600
ふぐコース￥12,100

☎ 0972-63-2611
臼杵市臼杵祇園西5組
11：30 ～ 14：00
17：00 ～ 22：00
休 不定休

❺ カニ醤油

オススメ
おみやげ みそソフトクリーム￥400
黒だし番長500ml ￥770

☎ 0972-63-1177
臼杵市臼杵218
9：00 ～ 17：00
休 火曜

❻ 臼杵ふぐ 割烹みつご

オススメ
活ふぐコース料理
￥14,300
活ふぐ会席￥6,600

☎ 0972-62-5107
臼杵市臼杵524-1
11:30～14:00
17:30～21:30(LO21:00)
休 月曜

❼ 古都の酒家 海鮮 かわ村

オススメ
海鮮丼￥1,650（単品） ￥2,090（セット）
武者御膳￥2,650

☎ 0972-64-0141　臼杵市祇園西5組
11:30～LO13:45／17:00～22:00(OS21:00)
＊お昼・夜の営業とも、魚がなくなり次第終了
休 木曜ほか ＊月によって異なります

❽ 鶴御崎自然公園 展望ブリッジ［佐伯市］

展望ブリッジは、鶴御埼灯台を眼下に望む高さにあり、遠く四国の山々や豊後水道、佐伯湾などを360度眺望できます

❾ 塩湯 天然海水風呂

オススメ
海鮮丼￥1,320

☎ 0972-27-8309
佐伯市上浦大字浅海井浦2920-3
食事11：00 ～ 20：30
お風呂10：00 ～ 22：00
休 水曜

❿ 第三金波

オススメ
地魚にぎり￥3,850
海鮮ちらし￥3,300

☎ 0972-22-5252
佐伯市内町3-28
火～土曜17：00 ～ 22：00
日曜11：00 ～ 13：30 ／ 17：00 ～ 22：00
休 月曜

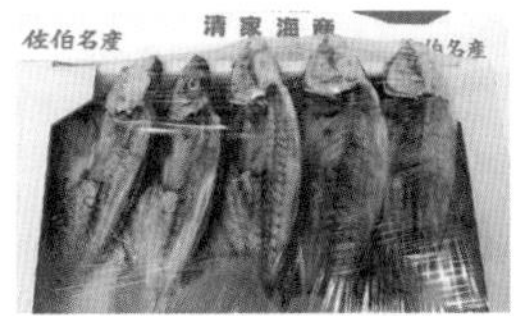

⑪ 清家海産

オススメ
おみやげ アジのひらき（1箱）￥800
カマスのひらき（1箱）
￥1,100

☎ 0972-22-0739
📍 佐伯市春日町3-25
🕒 7：00 ～ 19：00
＊前後することもあります
休 1/1

⑫ レストハウス うさぎ亭

オススメ
🍴 海の幸丼セット￥1,600
うさぎ御膳￥1,350

☎ 0972-42-1951 📍 佐伯市蒲江大字竹野浦河内2186-2
🕒 11：00～14：00（OS）、土曜GW・お盆11：00 ～ 21：30
休 月曜（祝日の場合は営業。不定休あり）

Oita

⑬ 亀八寿司・亀八かふぇ

オススメ
🍴 平日ランチ（時間限定）￥1,500
豊後地産にぎり（吸物付き）￥3,850

☎ 0972-22-5818 📍 佐伯市中村南町7-12
🕒 11：00 ～ 14：00 ／ 16：00 ～ 21：00
カフェ 14：00 ～ 21：00 ＊当店では新鮮なネタにこだわっており、ネタ切れにより営業時間内であっても早目に閉店する場合があります
休 月曜

⑭ 五丁の市（ジョーヤラ）［佐伯市］📷

約1200年以上も続く伝統的なお祭りです。海上では浜一杯に大漁祈願の漁船が集い、満船旗と幟に飾られたジョーヤラ船がこぎまわる様子は勇壮で活気にあふれています

⑮ 保戸島［津久見市］📷

島には平地が少なく、海岸から山への傾斜面に3～4階建ての住宅がひしめきあい、地中海を思わせる風景が広がっています。漁師料理「ひゅうが丼」が有名です

⑯ 浜茶屋

オススメ
🍴 まぐろステーキ（単品）￥2,050
まぐろひゅうが丼￥1,300

☎ 0972-82-8302
📍 津久見市千怒6029-1
🕒 11：00 ～ 15：00（LO14：30）
17：00 ～ 20：00（LO19：30）
休 火曜（祝日の場合は水曜）、月曜の夜

good！ → ごとう姫だるま工房

姫だるまは、家庭円満・商売繁盛を願っただるまで、その想いは松竹梅と菱形に込められています

しあわせを運ぶ 竹田の姫だるま

姫だるまストラップ

やさしい表情の2代目、3代目、4代目から姫だるまが生まれます

ごとう姫だるま工房

☎ 0974-62-3735
📍 竹田市吉田889-1
🕒 10:00 ～ 17:00
㉁ 不定休
*工房へお越しいただく際は事前にお電話ください

KUMAMOTO
熊本

熊本市
高森町
南小国町
産山村
小国町
南阿蘇村
山鹿市
菊池市
合志市
阿蘇市
天草市

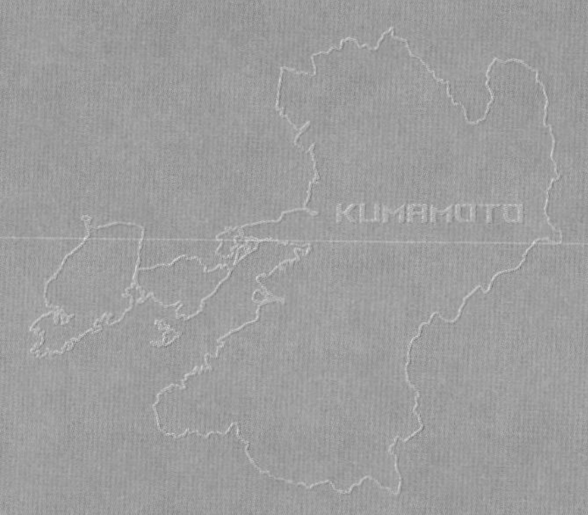

熊本市

熊本城

kumamotojo

❶ 熊本城天守閣

長塀

写真提供：熊本城総合事務所

[熊本城]

熊本城は日本三名城の一つであり、築城から400年以上の歴史を誇ります。外観復元された天守閣をはじめ、唯一現存する五階櫓である宇土櫓（うとやぐら）や、“武者返し”の異名を持つ石垣は見どころの一つです。天守閣は外観が3重になっており、内部は地上6階地下1階建てです。最上階からは、熊本市内や阿蘇の山並みを一望できます

Access

熊本市中央区本丸1-1

JR熊本駅から熊本城周遊バス「しろめぐりん」で約30分
JR熊本駅から市電で約17分、熊本城、市役所前下車、徒歩で10分
熊本ICから車で約30分

② 会楽園

オススメ
太平燕（タイピーエン）¥900
酢排骨（スーパイコ）（大）¥2,000

☎ 096-352-2844
熊本市中央区新町2-7-11 1F
11：30 ～ 15：00
休 月曜（祝日の場合は火曜）、第2・4・5火曜

③ 魚良

オススメ
三食丼¥1,700
海鮮丼¥2,300

☎ 096-352-5262
熊本市西区田崎町380-63
10：00～14：00（火・木・土曜18：00～21：00、土曜のみ6：00 ～ 9：00も営業）
休 日祝

④ 高田蒲鉾 城彩苑店

オススメ
おみやげ サラダちくわ¥400
オランダ揚¥280

☎ 096-288-4777
熊本市中央区二の丸1-1-2
9：00 ～ 19：00
＊桜の小路 城彩苑と同じ
休 なし ＊桜の小路 城彩苑の営業日と同じ

⑤ 火の国文龍 総本店

オススメ
とんこつ こってり¥850
みそ とんこつ¥850

☎ 096-388-7055
熊本市東区戸島4-2-47
11：00～15：00
17：30～21：30（LO21：00）
休 火曜

⑥ お菓子の香梅 白山本店

オススメ
おみやげ 誉の陣太鼓(6個入)¥1,296
武者がえし(8個入)¥1,469

☎ 096-371-5081
熊本市中央区白山1-6-31
9：00 ～ 19：00
休 なし

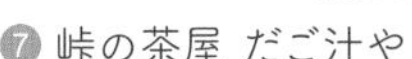

＊写真は2人前

⑦ 峠の茶屋 だご汁や

オススメ
だご汁（1人前）¥990
茶屋まんじゅう（1個）¥130

☎ 096-277-2154 熊本市西区河内町岳
峠の茶屋公園前［芳野］（バス）
11：00 ～ 17：00
休 火曜（祝日の場合は翌日休業）

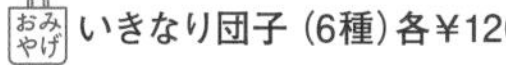

⑧ いちねん

オススメ
おみやげ いきなり団子（6種）各¥120

☎ 096-368-1555
熊本市東区健軍本町28-11
9：00 ～ 20：00
休 不定休

⑨ だご汁茶寮 ここのつ

オススメ
ここのつご膳¥1,700 馬刺しご膳¥2,800

☎ 096-282-8155
熊本市東区尾ノ上1-9-8
11：30～15：00
休 月曜

⑩ 森からし蓮根 本店

オススメ
おみやげ からし蓮根（中）¥1,080
からし蓮根風味チップス¥1,080

☎ 096-351-0001
熊本市中央区新町2-12-32
8：00～17：00
休 不定休

⑪ 國枝鮮魚店

オススメ
お刺身定食¥1,100
カンパチのカブト煮定食¥950

☎ 096-353-5313
熊本市中央区水道町8-3 1F
11：30～14：00（LO13：30）
18：00～22：00（LO21：00）
＊土曜夜は不定休
休 日祝、水曜・土曜のランチ

⑫ 福田屋 熊本和栗庵

オススメ
おみやげ 栗好き（6個入）¥1,361
栗千里（8個入）¥1,166

0120-014-999
（福田屋本社 平日9：00～17：00）
JR熊本駅（肥後よかモン市場内）＊ほか鶴屋、福岡空港、阿蘇くまもと空港、九州自動車道一部のSAなどで販売
9：00～20：00　休 年中無休

⑬ 紅蘭亭 下通本店

オススメ
太平燕¥1,080
太平燕コース（お一人様）¥2,480
＊2名様より注文可

☎ 096-352-7177
熊本市中央区安政町5-26
11：00～21：00（LO 20：00）
休 12/31、1/1

⑭ 桂花ラーメン 本店

オススメ
太肉麺（ターローメン）¥1,100
五香肉麺（ウーシャンローメン）¥1,000

☎ 096-325-9609
熊本市中央区花畑町11-9
月～土曜11：00～24：00（LO23：50）
日祝11：00～16：20（LO16：10）
休 1/1

⑮ けんぞう

オススメ
馬刺し五点盛り¥3,960
馬肉ヒレステーキ¥3,080

☎ 096-356-8775
熊本市中央区下通1-8-24
17：00 ～ 22：30
休 日曜

⑯ 水前寺成趣園

国の名勝・史跡に指定されている桃山式の回遊式庭園です。阿蘇から湧き出る清らかな水を利用した池泉が中心にあり、その周囲に築かれた築山の起伏が他の大名庭園とは異なる特色を持っています。築山は富士山を模しており、庭園全体では東海道五十三次の風景を表現しているそうです

⑰ 埼陽軒

オススメ
ラーメン¥700
ワンタンメン¥850

☎ 096-353-5609
熊本市西区二本木2-1-19
11:00～麺がなくなり次第終了
休 月・火曜

⑱ 肥後ばってん堂

オススメ
おみやげ
大納言いきなり¥140
スイートいきなり¥140

☎ 096-272-3108
熊本市北区植木町味取334
8：30 ～ 16：00
休 月・火曜
夏季休業(7/16～7/30予定)

高森町・南小国町・産山村・小国町・南阿蘇村

高森湧水トンネル公園

takamoriyusuitonnerukoen

❶ 高森湧水トンネル公園［高森町］

ウォーターパール

トンネル内にある水源

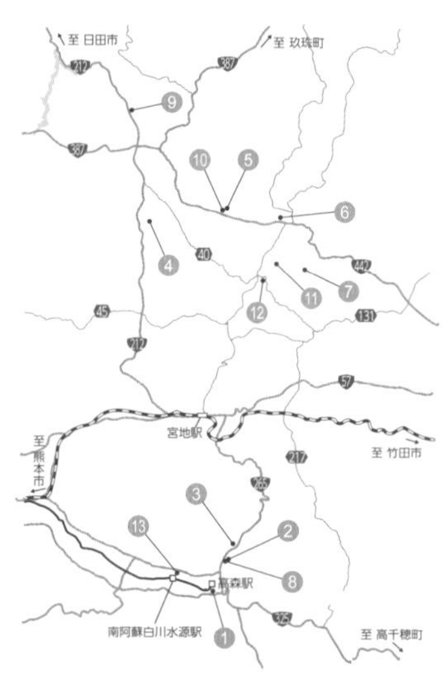

［高森湧水トンネル公園］

かつて鉄道用のトンネルとして工事が着手されましたが、湧水が大量に出てきたためにトンネル工事が中止になり、その跡地が公園になりました。公園内にはトンネルの入口があり、トンネルの奥まで歩いて入ることができます。奥に進むと、壁から湧水が流れ出ているのが見られます

Access

阿蘇郡高森町高森1034-2

熊本ICから高森まで車で約1時間40分
南阿蘇鉄道高森駅から徒歩で約10分

② 鶏炭火焼 らくだ山

オススメ
親鶏炭火焼定食¥2,200
手作り無添加生ソーセージ¥660

☎ 0967-62-0084
阿蘇郡高森町高森2693-4
月～金曜11：00 ～ 16：00（受付終了）
土日祝10：30 ～ 16：00（受付終了）
休 水曜（祝日の場合は営業、翌日休業）

③ あか牛料理専門店 やま康

オススメ
メガあか牛丼150g ¥2,300
あか牛サーロインステーキ180g ¥3,200

☎ 0967-62-0888
阿蘇郡高森町高森3191
11：00 ～あか牛在庫終了まで
休 水曜（2月に冬季長期休業あり）

④ 花郷庵

オススメ
そばづくし¥2,000
うまかもんそば¥1,900

☎ 0967-42-0193
阿蘇郡南小国町赤馬場2862-3
10：00 ～ 15：00
休 水曜

⑤ 黒川温泉 どら焼き家 どらどら

オススメ
おみやげ どらどらバーガー（5種）¥300～350 黒どら¥180

☎ 0967-44-1055
阿蘇郡南小国町満願寺北黒川6612-2
9：00 ～ 18：00
休 水・金曜 ＊臨時休業あり

⑥ せのもと茶屋

オススメ
あか牛定食¥1,980（土日限定）
たかなめしセット¥1,430

☎ 0967-44-0609
阿蘇郡南小国町満願寺5621-49
11：00 ～ 17：00
休 水曜

⑦ 扇棚田［産山村］

山吹水源の近くにある扇形をした棚田で、背後の小高い丘に登って見下ろすことができます

⑧ 高森田楽の里

オススメ
田楽定食¥2,490
山里定食¥2,690

☎ 0967-62-1899
阿蘇郡高森町高森2685-2
月～金曜11：00 ～ 20：00（19：00受付終了）
土日祝は10：00 ～
休 不定休

⑨ 鍋釜の滝〔小国町〕

「下城大イチョウ」の案内看板を目指して進みます。途中で、幅の広いダイナミックな滝が見えてきます

⑩「山のいぶき」自然薯料理やまたけ

オススメ
とろろ膳¥1,300
やまたけ膳¥3,500

☎ 0967-44-0930
阿蘇郡南小国町満願寺6994
月・火・金曜11：00～16：00（LO15：00）
土曜10：30～20：00（LO19：00）
日曜10：30～16：00（LO15：00）
㊡ 水・木曜

⑪ 御食事処 山水亭

オススメ
上ホルモン煮込み定食¥1,590
トマトソースのオムライス¥1,120

☎ 0967-25-2560
阿蘇郡産山村田尻77-2
11：00～15：30
㊡ 木曜

⑫ 焼肉 正

オススメ
あか牛ステーキ重¥2,300
ぐるぐる¥800

☎ 0967-25-2983
阿蘇郡産山村田尻609-4
10：30～15：00（OS14：30）
㊡ 水・木曜

⑬ 白川水源〔南阿蘇村〕

熊本市内を流れる「白川」の源となっています。わき水は自由に飲んだり、持ち帰ったりできます

黒川温泉

黒川温泉

阿蘇郡南小国町満願寺
Access：熊本市内・福岡市内から車で約2時間、阿蘇駅前から車で約45分。JR熊本駅から九州横断バスで約3時間、JR博多駅から高速バスで約2時間45分

自然に包まれた 黒川温泉で癒しのひととき

標高700メートルの山間に湧く全国でも人気の黒川温泉郷。風情ある町並みに約30軒の旅館が並び、7種類の源泉（泉質）が湧くのも特徴です。浴衣での露天風呂巡りや街歩き、天気の良い日はウォーキングなど、いろんな楽しみ方ができるのも黒川温泉の魅力です

入湯手形　1枚で3か所の露天風呂に入浴でき、そのうち1か所は一部の飲食店やお土産店で利用できます

湯あがりにラムネ！

山鹿市・菊池市・合志市

八千代座

yachiyoza

① 八千代座〔山鹿市〕

西日本を代表する渓谷です。さまざまな形をした滝や渓流がつながっていて、四季を通じて賑わっています

② 菊池渓谷〔菊池市〕

③ 山鹿灯籠民芸館〔山鹿市〕

日本の伝統的な山鹿灯籠の歴史や製作技術を紹介する施設です。山鹿地域の文化や風俗に触れることができ、地域の芸術や工芸に興味がある方にとって貴重な場所です

［八千代座］

明治43年に建てられた芝居小屋の内部は、催し物のない日には見学することができます。2階席もあり、内装は華麗な作りで、天井には地元の商店や企業の広告パネルが掲示されています。また、この建物は国の重要文化財に指定されています

Access

山鹿市山鹿1499

JR玉名駅下車、山鹿行産交バスで約40分
菊水ICから車で約15分

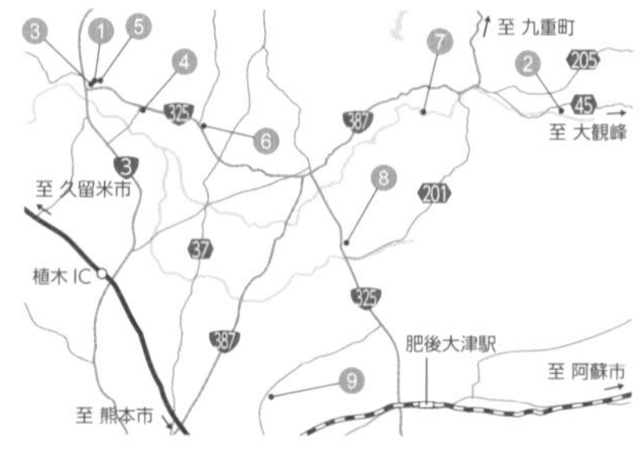

④ Kirali Brewery

オススメ
岳間茶IPA ¥880
ヴァイツェン¥660

☎ 0968-41-8131
山鹿市方保田2820-4
水・木・金曜13：00～17：30
土曜13：00～18：00
休 日・月・火曜

⑤ やきにく なか園

オススメ
くまもと あか牛盛り合わせ2～3人前¥8,800
くまもと 特選黒毛和牛盛り合わせ2～3人前¥9,900

☎ 0968-44-6620
山鹿市山鹿538-3
11：30～14：30／17：00～22：00
＊最終入店(昼)13：45(夜)21：00
休 火曜、第3月曜

⑥ 新寿し

オススメ
特上にぎり¥4,180
大学巻¥2,420

☎ 0968-46-3168
山鹿市鹿本町下高橋70
11：00～21：00
＊19：00以降入店時は電話予約をお願いします
休 水曜

⑦ 産さん滝［菊池市］

菊池川の千畳河原の下流にある滝です

⑧ コッコファームたまご庵レストラン

オススメ
デミソースオムライスセット(サラダ・スープ付)並盛¥1,090
とろ～り半熟親子丼セット(サラダ・漬物・味噌汁付)並盛¥1,070

☎ 0968-24-0007
菊池市森北1077
朝食タイム 9：00～11：00(OS10：30)
月～金曜11：00～14：30(OS14：00)
土日祝11：00～15：30(OS15：00)
休 12/31～1/2

⑨ 合志物産館 志来菜彩

オススメ
生産者直売の旬の野菜、果物¥時価

☎ 096-248-0030
合志市竹迫2264-1
アンビー熊本内
9：00～19：00
休 1/1

阿蘇市

阿蘇山

asozan

❶ 阿蘇山中岳火口

阿蘇山米塚

阿蘇山のふもとに位置する米塚は、
噴火でできた円形のくぼみが特徴です

❷ 草千里ヶ浜

草千里浜に入る道路の脇に木製の展望台があり草千里を一望できます。阿蘇山の壮大な景観を体験できる場所です

[阿蘇山]

阿蘇のカルデラは、ゴツゴツとした溶岩の岩肌が広がり、世界有数の大きさを誇ります。その中央にそびえる阿蘇五岳(根子岳・高岳・中岳・烏帽子岳・杵島岳)の中で、現在も活発な活動を続けているのが中岳です

Access

阿蘇市黒川

熊本ICから車で約60分

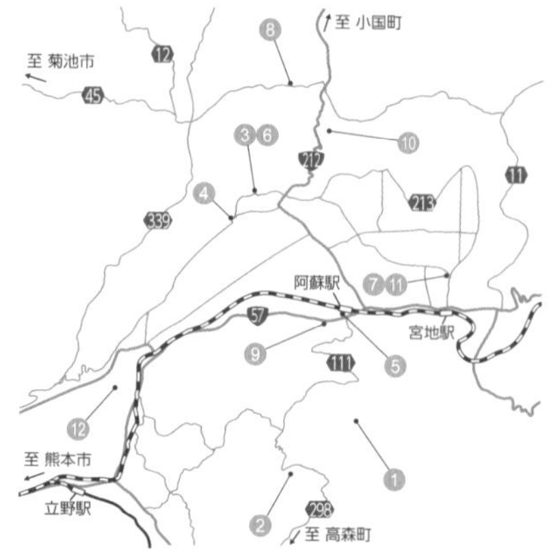

③ おーくら亭

オススメ
九州産真アジのアジフライランチ￥1,375
熊本県産牛 和牛100%ハンバーグランチ￥1,485

☎ 0967-32-1004
阿蘇市小里94-3
11：30～14：00／18：00～22：00
休 火・水曜

④ あか牛専門店農家れすとらん田子山

オススメ
田子山あか牛焼肉コース￥4,950
田子山スペシャルコース￥7,250

☎ 0967-32-5070
阿蘇市三久保285
11：30～14：30（LO14：00）
17：30～20：00（LO19：45）
（火曜は11：30～14：30のみ）
休 水曜、年末年始

⑤ 道の駅 阿蘇

オススメ
おみやげ
阿蘇ミルクチーズプリン￥380
うまかぁ豚ラー￥800

☎ 0967-35-5088
阿蘇市黒川1440-1
9：00～18：00（季節変動あり）
ソフトクリーム販売所9：30～17：00
休 なし

⑥ いまきん食堂

オススメ
あか牛丼￥2,000
チャンポン￥880

☎ 0967-32-0031
阿蘇市内牧290
11：00～15：00（受付終了）
休 水曜

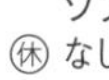

⑦ 阿蘇お菓子工房 たのや

オススメ
おみやげ
たのシュー￥180
苺のレアー大福￥432

☎ 0967-22-0255
阿蘇市一の宮町宮地3094
9：00～19：00（なくなり次第閉店）
休 水曜、木曜（不定休）

⑧ ミルクロード

草原の中を走る道路で、特に阿蘇山の東側は多くの牧場が点在しており別世界が味わえます

⑨ 山賊旅路

オススメ
たかなめし麦付定食
¥1,450
山賊めし麦付定食
¥1,450

☎ 0967-34-2011
阿蘇市黒川2127
11：00 ～ 15：00
㊡ 水曜

⑩ 大観峰

阿蘇外輪山展望所では一番有名な場所です。駐車場から売店裏の小高い丘を登っていくと360度のパノラマが広がっています

⑪ 阿蘇とり宮

オススメ
おみやげ 馬ロッケ¥200 馬スジの煮込み¥600（冷凍でのお持ち帰り販売）

☎ 0967-22-0357
阿蘇市一の宮町宮地3092-2
9：00 ～ 18：00
㊡ 水曜

⑫ 父娘庵「OYAKOAN」

オススメ
特製のたれを使った焼肉定食¥2,500
阿蘇高菜ドリア定食¥1,500

☎ 0967-35-0056
阿蘇市車帰210-16
11：00 ～ 15：00（LO14：30）
17：00 ～ 19：00（LO18：30）
㊡ 月・木曜

wonder ful! → 天草の海の幸

日本の宝島で海の幸を食す

大小120の島々からなる天草は、温暖な気候に育まれた食材の宝庫です。周囲を有明海をはじめとする3つの海に囲まれ、魚介類のバリエーションも豊富で、その味わいは絶品です

天草

Access:
- 熊本駅から車で約1時間50分
- 九州自動車道松橋ICから車で約1時間30分
- 熊本空港から飛行機で約20分、シャトルバスで約15分

有明の干しタコ

海岸沿いにつるされる干しダコは天草の夏の風物詩

天然生ウニ

ムラサキウニ(3月〜5月)やアカウニ(7月〜8月)をウニ丼やお寿司などで楽しめます

タコステーキ

タコを丸まま煮込んだ名物料理

伊勢エビ

初秋から年末にかけて伊勢エビ漁が解禁します。色艶がよく身が引き締まっており、刺身やボイル、味噌汁などで

天草ちゃんぽん

長崎ちゃんぽん、小浜ちゃんぽんと並ぶ「日本3大ちゃんぽん」の1つ

編集部より
本書の刊行にあたり、ご協力いただきました各店舗・施設の皆さま、自治体の方々に対しまして、厚く御礼申し上げます。

STAFF

ブックデザイン	スタジオギブ
本文 DTP	大原 剛　角屋克博
編集協力・写真撮影・MAP 製作	岡本善弘（アルフォンス）
編集	橋口 環　末廣有美　本永鈴枝　前田優衣
編集協力	藤井由美　西岡真奈美

いまから旅イコ　中国地方・九州北部 編

2024 年 7 月 11 日　初刷第 1 刷発行

編　著　南々社
発行者　西元 俊典
発行所　有限会社 南々社
〒 732-0048 広島市東区山根町 27-2
TEL 082-261-8243　FAX 082-261-8647

印刷製本所　株式会社 シナノ パブリッシング プレス

ISBN978-4-86489-170-7